Sobre uma escola para o novo homem

Dados Internacionais de Catalogação na Publicação (CIP)
(Câmara Brasileira do Livro, SP, Brasil)

Gaiarsa, José Angelo, 1920-
 Sobre uma escola para o novo homem / José Angelo Gaiarsa. – 2. ed. ampl.
– São Paulo : Ágora, 2006.

Bibliografia.
ISBN 85-7183-010-X

1. Educação 2. Educação – Aspectos psicológicos 3. Psicanálise I. Título.

06-3416   CDD-370.15

Índice para catálogo sistemático:

1. Educação : Psicologia   370.15

Compre em lugar de fotocopiar.
Cada real que você dá por um livro recompensa seus autores
e os convida a produzir mais sobre o tema;
incentiva seus editores a encomendar, traduzir e publicar
outras obras sobre o assunto;
e paga aos livreiros por estocar e levar até você livros
para a sua informação e o seu entretenimento.
Cada real que você dá pela fotocópia não autorizada de um livro
financia um crime
e ajuda a matar a produção intelectual em todo o mundo.

J. A. Gaiarsa

Sobre uma escola para o novo homem

EDITORA
ÁGORA

SOBRE UMA ESCOLA PARA O NOVO HOMEM
Copyright © 2006 by J. A. Gaiarsa
Direitos desta edição reservados por Summus Editorial

Capa: **Renata Buono**

Editora Ágora
Departamento editorial:
Rua Itapicuru, 613 – 7º andar
05006-000 – São Paulo – SP
Fone: (11) 3872-3322
Fax: (11) 3872-7476
http://www.editoraagora.com.br
e-mail: agora@editoraagora.com.br

Atendimento ao consumidor:
Summus Editorial
Fone: (11) 3865-9890

Vendas por atacado:
Fone: (11) 3873-8638
Fax: (11) 3873-7085
e-mail: vendas@summus.com.br

Impresso no Brasil

SUMÁRIO

Prefácio à nova edição	9
As origens deste livreto	11
Música ou letra	13
Liberdade sem medo	13
A grande escolha da educação: competência ou felicidade	15
Briga de marido e mulher	17
Família é assim...	18
Mãe e sogra são uma só pessoa!	19
Aos 5 anos já aprendemos 80% do necessário para viver	20
Filhotes nascem ávidos para aprender	22
"Manhêêê"!	22
Se não houver uma nova mãe, não haverá um novo homem	24
O que a criança tanto aprende em cinco anos?	25
Pele na pele	27
Carinho é mais importante que alimentação	29
A tecnologia é, toda ela, trabalho das mãos dirigidas pelos olhos!	30
A idade da neurose	32
A infidelidade é impossível	35
Mãe não pode ter defeitos!!!	38
E os pais?	39
O programa não fala de afetos (amar é proibido)	40
O programa fala tão pouco de socialização	43

Educação sexual – A tragicomédia............................ 46
O programa não fala de pele, contato, toque 48
Em suma: o programa não cuida de nada importante... 52
A maneira universal de estimular a motivação
   infantil é criar laços afetivos e amorosos 54
Mestre é quem sabe aprender 55
A escola sofre de tantos preconceitos quanto
   a família 56
Amor, amor, quanto ó – Brigas............................. 59
Primeira palestra em Novo Hamburgo 63
O(a) professor(a) e a mãe..................................... 65
A lição de minha história 66
O que faz milagres é a atenção individual 67
Pareidolias (!)... 68
Onde aplicamos a atenção começa a criação
   de alguma coisa.. 68
Criação contínua – Uma criança de 3 anos............. 70
Guardar conteúdos – Uma tortura inútil 71
Técnicas de aprendizagem acelerada 72
Qual é o princípio básico do nosso ensino
   primário? 74
Versatilidade motora – A raiz da liberdade 76
Trezentos mil cordéis 76
A principal função da educação é restringir
   movimentos 78
A correlação entre corpo e espírito é muito mais
   estreita do que aprendemos em velhos tempos 80
Eu, Pinóquio sofisticado....................................... 80
Cinco anos – Idade crítica 84
Todos temos duas famílias.................................... 85
Matrimônio manicômio 88
O princípio fundamental do convívio humano
   é a reciprocidade 91
Vamos brincar de aprender 93
Aula de português 94

Multinacionais e dinossauros 96
Deus TV 98
"Importante é você" 100
Novela nova era 102
Todas as declarações são verdadeiras 103
A verdade é a soma de todas as declarações 104
Comunicação é muito mais do que palavra 105
Dar explicações é pedir desculpas 106
A educação vai contra a história 109
A mulher não tem intuição. Ela vê 112
Não é bom dizer o que estou vendo 114
Alunos – Os desencarnados! 118
A mãe é o pior tirano do mundo 119
Educação versus (contra) sociedade e história 122
Como entrar no reino dos céus? 123
Os silenciosos e os silenciados 125
Ser sério e respeitável é a essência da neurose 128
Felicidade ou segurança – Escolha! 130
Imitar é compreender 132
TV Globo – A maior escola do mundo! 134
Avançando 139
Educação física – De verdade 143
Propriocepção 144
E os alongamentos – Para quê? 146
Encolher-se é a essência do medo 146
É mais fácil transar do que desenvolver
    intimidade 149
Educação afetiva 150
Quem não sabe disso? 151

Anexo – A agressão da educação 155

PREFÁCIO À NOVA EDIÇÃO

Dez anos se passaram desde a publicação deste livro, uma edição inteira foi distribuída pelas escolas do estado de São Paulo e nada parecer ter mudado — por muito que se venha discutindo e propondo mudanças na educação.

Ocorreu apenas melhor aceitação e facilitação financeira para a aquisição de computadores para as escolas — o que já é alguma coisa.

Quanto à inclusão de uma educação afetiva e de uma cadeira sobre "Educação, consciência e controle corporal", os temas sequer foram lembrados.

Enquanto o livro circulava pelo Brasil, fui convidado a redigir um estudo sobre educação, a ser publicado na *Revista de Educación* do Ministerio de Educación, Cultura y Deporte da Espanha. Em resposta, enviei um texto longo e incisivo — "A agressão da educação" —, o qual, muito bem traduzido, foi publicado no número 327 da revista (2002) e recebido por mim em fins de 2003.

Devo declarar minha grata surpresa, dado o caráter quase agressivo do texto, ao vê-lo incluído entre muitos outros de cunho definitivamente mais tradicional e ameno.

Ao reler o texto publicado na Espanha, percebi que ele formava um quadro bem mais amplo sobre o tema, indo além dos tópicos descritos no meu livro. Além disso, trata-se de uma publicação internacional. Por isso conviemos, com a Ágora, incluir o texto integral na nova edição desta obra (veja o anexo).

J. A. Gaiarsa

P.S.: Depois de tal visão crítica da nossa educação oficial, não posso deixar de declarar minha grata surpresa e prazer em ler do início ao fim os livros para sétima e oitava série da coleção *Geografia: espaço e vivência*, escritos por Levon Boligian, Rogério Martinez, Wanessa Garcia e Andressa Alves e publicados pela editora Atual. Aprendi sobre o mundo e me sentiria feliz se todos os brasileiros também aprendessem. Textos curtos, estatísticas e mapas poucos e essenciais, escrita clara, inteligente e profunda. Só posso rezar para que os alunos do secundário apreciem esses livros tanto quanto eu os apreciei.

AS ORIGENS DESTE LIVRETO

Não se sabe muito bem por que um psiquiatra se põe ou se propõe a falar sobre nosso ensino primário — tema precípuo deste texto.

Não foi invenção nem iniciativa minha. Fui convidado por duas entidades para falar com um grupo bem grande de professores.

Primeiro em Novo Hamburgo, nos dias 1º e 2 de agosto de 1994, a convite da Federação dos Estabelecimentos de Ensino Superior de Novo Hamburgo, e, depois, da Prefeitura Municipal da mesma cidade — desta vez para falar com todos os professores primários do município.

O segundo convite me foi feito pela Secretaria de Educação do Estado de Rondônia, realizando-se o encontro, com todos os professores estaduais, no dia 8 de novembro de 1994 — em Porto Velho.

Nos três lugares fui muito bem recebido e ouvido, mesmo sem estar ligado diretamente a nenhuma atividade escolar.

É que o psiquiatra tem oportunidade de ver, no adulto, tudo o que ele fez na escola, e tudo o que a escola fez — ou não fez — com ele.

Além disso, de há muito sinto interesse pelo ensino — e pelas crianças.

Convém dizer quanta dedicação encontrei nos professores e nos responsáveis pelo ensino nas duas cidades onde estive. Não tenho a menor dúvida do interesse e da competência destas pessoas, o que, infelizmente, piora muito as coisas. Os erros clamorosos do ensino primário não se deveram, portanto, às pessoas com as quais falei; a deficiência é de conceito, programa e anacronismo de nossos métodos e técnicas.

Impressionou-me sobretudo a omissão de temas da maior relevância pedagógica, como seria a educação dos sentimentos, da socialização, de uma educação física compatível com os avanços da ciência do movimento, que se vem ampliando e aprofundando a cada dia.

Tampouco me surpreendeu — mas deveras me deixou perplexo — a sobrevivência dos preconceitos familiares, responsáveis por deformações irrecuperáveis do caráter, da inteligência e dos sentimentos. Tudo transmitido para as crianças sem o menor vislumbre de crítica ou renovação.

Acredito e espero tenha sido útil minha fala nos três lugares. O texto foi gravado no local, transcrito e depois revisto.

As oito ou dez páginas finais foram redigidas depois das palestras. Grato ao trato que me foi dado nos três lugares, tanto em matéria de gentileza quanto de simpatia pessoal e acolhida das idéias assaz revolucionárias que propusemos.

São Paulo, julho de 1995

MÚSICA OU LETRA

Acabamos de ouvir vários números musicais executados por um menino talentoso. Terminada sua apresentação, ocorreu-me a seguinte questão: qual a sensação do público se, após um programa musical brilhante, entra um camarada que vai apenas falar durante uma hora ou mais? Depois de um tempo, o público pode até mudar de opinião, mas de saída é um desencanto, não é? Este episódio nos propõe de forma bem viva a questão básica da educação: vamos educar as pessoas para que sejam felizes ou para que sejam eficientes?

Querer as duas coisas é difícil, para dizer pouco. Repetindo: queremos pessoas felizes ou trabalhadores honestos, empenhados, potencialmente capazes de enriquecer? Este é o ideal universal, digam o que disserem. Hoje, a TV mostra muito o que as pessoas podem ter, e todos querem de tudo! Principalmente as crianças.

LIBERDADE SEM MEDO

No modelo de educação para a felicidade, a única notícia de que disponho é a de O'Neil, em *Liberdade sem medo*. O'Neil é um professor inglês, amigo íntimo de mestre Reich — uma das poucas pessoas que tinham diálogos pessoais amistosos com o grande mestre — e que fez em Londres uma escola autogerida: era a criançada que governava a escola. A coisa andou um tempo, mas acabou fechando porque eles não eram muito eficientes. E porque os pais não estavam felizes com a felicidade dos filhos; eles queriam que os filhos conseguissem segurança, emprego. Assim, os pais teriam a certeza de terem cumprido a sua missão e para que não sobrasse para eles — os pais — o peso de continuar sustentando os filhos.

É compreensível, mas é triste ao mesmo tempo.

O exemplo oposto — preparação para ser um membro ativo da colméia ou do formigueiro — é certamente a educação japonesa. Pelo que vejo de lá — e sempre que passam perto coisas sobre educação eu dou uma boa olhada — aquilo é realmente um sistema para aprender conteúdo, e ponto final — não tem conversa! Desde muito cedo, e muito insistentemente, os bem-sucedidos são bastante apreciados e certamente os malsucedidos sofrem o castigo da depreciação pública. Lembrar: "perder a cara", no Japão tradicional, era motivo suficiente para o haraquiri. Diz-se que é alto no Japão o índice de suicídio de menores. É muito provável que a causa principal desses suicídios seja essa valorização excessiva do sucesso escolar.

Podíamos recuar e pensar a mesma coisa em relação à família.

Até hoje, a família não sabe bem o que quer, mas puxa mais para o filho bem-sucedido do que para o filho feliz — negando desde o começo a divindade. Quero dizer que uma criança feliz e alegre é uma das coisas mais divinas do mundo. Mas os pais — embora aproveitem, gostem e, supõe-se, apreciem a criança

— querem que ela vá bem na escola, e futuramente no trabalho seja tão bem-sucedida quanto possível ou mais. E vocês sabem: um dos dramas da escola e da professora são os pais. Uma das cruzes da professora: reclamações de toda ordem, para que exija mais, cobre mais, dê mais lição... sobrecarregue a criança com "deveres" de casa.

A GRANDE ESCOLHA DA EDUCAÇÃO: COMPETÊNCIA OU FELICIDADE?

*E*ducação para a felicidade é um tema muito atraente para mim. Espero seja atraente para professores, embora ao mesmo tempo haja, de minha parte, um enorme desencanto, pois não poderão fazer quase nada do que vou falar. É como ir a um restaurante maravilhoso, onde haja oitenta pratos distintos para escolher, um melhor que o outro, e sair de lá frustradíssimo pelo que *não* se pôde comer...

Educação para a felicidade! Parece presunçoso, mas não é tanto assim. E não é preciso muito — o que é pior. Alguém diria: mesmo sendo vaga a noção de felicidade, é tão falada, parece tão importante, tão boa, que deve ser dificílima. Muita gente já meio vivida, e bem vivida, muitas vezes chega à seguinte conclusão: as coisas importantes da vida são poucas e simples; e se se chega lá, fica-se muito feliz.

Esta é uma noção quase popular — repito, algumas pessoas bem vividas dizem isso: viver bem é simples. Temos também o testemunho dos mestres zen a nos dizer a mesma coisa. Em que consiste a perfeição? Quando se pergunta a um mestre zen o que é o zen e o que se faz para chegar lá, ele diz: "Você vai aprender a comer quando tem fome e a dormir quando tem sono". Nada mais. A fórmula é limitada, mas mostra o caminho.

Eu diria: você vai aprender a cantar quando tiver vontade; a dançar quando tiver vontade; você vai aprender a rir quando tiver vontade. Mas são de fato coisas bem simples.

Enquanto animais e crianças, nossos gostos, exigências e expectativas não são muito sofisticados. Para a criança e o bicho, a maioria das coisas luxuosas da vida não diz muito.

Então vamos entrar por este caminho: uma educação orientada para a felicidade. Fui derrotista de saída ao dizer que não se poderia fazer muito a respeito. Mas à medida que vou pensando percebo possibilidades.

Vamos começar pelo mais fundamental. Uma das primeiras coisas a serem feitas numa escola que visasse à felicidade seria atenuar laços familiares e recolocar a criança diante da família. Vejam: coexistem permanentemente duas famílias em todos nós, somos todos bígamos. Primeiro, a família maravilhosa da propaganda de margarina e da conversa pública. Essa é uma beleza. Se você não é feliz em família, disfarce, porque não fica bem dizer isso em público. Mas, em particular, mais da metade das conversas das pessoas são queixas familiares. Então eu tenho duas famílias: a exibida publicamente — maravilhosa — e a de que me queixo e reclamo; esta não é maravilhosa, não. Aqui não vou falar da pública e maravilhosa; vou falar daquela que nos fez sofrer. E é bom saber: tenho uma noção panorâmica da minha área, estou nela há meio século, sempre gostei do que fazia e deveria ser profundamente grato à família, pois todo o sucesso que tenho se deve a ela; não fiz outra coisa na vida senão escutar queixas familiares. Se não houvesse família não haveria psicanálise. Complexo de Édipo, dizem eles — nome grã-fino para encrencas de família.

É universal a conclusão de todos os estudiosos do assunto: as neuroses, as perturbações psicossomáticas, os distúrbios neurovegetativos e até as perturbações mentais mais sérias, todas elas começam em família, geralmente antes dos 5 anos de idade, quase sempre por influência materna. Falo muito mal da família, mas quase sempre a assistência sai das minhas palestras meio iluminada. Eu nunca tinha entendido muito isso. Um dia minha mulher explicou: "Ô, Zezinho..." — meu nome de amor é Zezinho — "... cada um deles pensa o seguinte: 'Eu achava que era só a minha e agora essa autoridade diz que são todas...'" Uma das proteções coletivas da família é fazer segredo sobre seus defeitos. Para um ou outro amigo você se queixa. Para os outros, você posa e agüenta.

Temos meia dúzia de truques tão sacanas quanto qualquer escamoteação de poderosos para proteger a família.

Um deles é o seguinte:

BRIGA DE MARIDO E MULHER

Ela vai à mãe, chorosa:

— Não agüento mais! Porque ele fez, porque ele disse, porque ele não ouviu, porque ele é assim, porque ele é assado, blá, blá, blá...

Desabafa um pouco, chora outro tanto, enxuga os olhos e diz:

— Mas, sabe mãe, eu até entendo... Se a senhora visse a família dele, ia entender muito bem por que esse coitado faz as coisas assim. Nós não, né, mãe?

Só que ele, com o amigo, tem exatamente a mesma conversa e chega exatamente à mesma conclusão:

— Não agüento mais aquela mulher! Mas eu até entendo. Com aquela mãe, nada de bom podia acontecer com ela.

Outro fato sublinha o quanto a família não é a maravilha tão falada: o comportamento das pessoas em família é o pior possível. Se tratássemos nossos amigos como tratamos nossos irmãos e se no trabalho tivéssemos modos 5% semelhantes aos de casa, não teríamos amigos nem emprego. Ninguém nos agüentaria.

As pessoas se comportam fora de casa, com estranhos, muito melhor, mais responsável e respeitosamente do que em casa.

À luz desses fatos pode-se chegar a uma conclusão terrível: a família é a melhor escola do mundo *para criar irresponsáveis*. Nela faço o que quiser e continuo a ser aceito.

Um amigo ouve uma, ouve duas, na terceira diz: "Mas você pensa que eu sou o quê?" E vai embora e não quer saber de você. Na família é o contrário. A mamãezinha: "Ah, meu filho, doutor... ele bebe, sabe! 35 anos! Desde os 15 ele bebia! Eu dizia para ele: 'Não bebe, meu filho, faz mal!' " Vinte anos repetindo e agüentando o camarada bêbado e dando dinheiro para ele beber.

FAMÍLIA É ASSIM...

*E*ssas histórias são banais, cotidianas, vividas por quase todos e ao final tidas como naturais. "Família é assim..." A família não é a boa coisa que se diz. Não pretendo — nem creio possível — dissolver a família. Enquanto houver macho, fêmea e filhote, o filhote vai ter de ser cuidado por alguém, porque o filhote humano, se nasce e ninguém cuida, morre. Isso é evidente; família existe para isso mesmo, e nesse sentido ela é indestrutível: destrua a família e você destrói a espécie. *Alguma* família precisa existir, vamos deixar bem claro. Mas esta nossa família não é uma boa coisa.

Mais um argumento — este um pouco mais remoto — para ir empilhando: família é maravilhoso, mas o mundo é um horror. Não é na família que todos se formaram? Que todos tiveram educação? Carinho de pai e mãe? Atendimento? Atenção? Cuidado? Se foram todos tão bem educados, por que o mundo, feito de tanta gente tão bem educada, é tão horroroso como esse em que vivemos?

Onde aprendemos todos os péssimos comportamentos que tornam a sociedade um convívio tão injusto e desigual? Até hoje a civilização pode ser chamada de desumana, pois a lei é enganar, explorar, abusar, agredir, invadir, tomar posse, liquidar; um horror a nossa História! Ela começou em família, meu caro. Que é, deveras, a "célula mater", a origem real desse nosso mundo tão injusto.

MÃE E SOGRA SÃO UMA SÓ PESSOA!

*V*amos aliviar. Apesar de toda essa iconoclastia antifamiliar, eu, que há cinqüenta anos vinha criticando a família, só no ano passado — num lampejo de gênio — parei e pensei: "Olha que coisa interessante: mãe é divina; sogra, diabólica". Mas minha sogra é a mãe dela. E a minha mãe é sogra dela. São mães ou sogras? Como posso juntar essas imagens tão contrastantes? Há muita sogra razoável — eu sei —, melhor que mãe muitas vezes (principalmente porque você não é filho dela). Mas as pessoas não juntam essas coisas. Veja a força dos preconceitos: cinqüenta anos fazendo críticas à família e eu nunca havia dito para mim: sogra e mãe são uma só! Como se juntam esses dois lados?

Vamos além. Vamos avançar na compreensão dos fundamentos da infelicidade humana, para depois girarmos dialeticamente e chegarmos a uma escola capaz de cuidar da felicidade das pessoas. Será uma escola inspirada pela psicoterapia; não gosto da expressão e a uso apenas para orientar o pensamento.

Consideremos mais dois ou três aspectos da família, além dos já vistos, para mostrar o quanto eles são a origem maior da nossa infelicidade.

Não esqueçam o outro lado da questão: a infelicidade sofrida em família é muito funda, é sentida muito no íntimo. É um sofrimento que vou levar comigo pelo resto da vida e que será reavivado mil vezes, porque as alusões à família são por demais numerosas.

AOS 5 ANOS, JÁ APRENDEMOS 80% DO NECESSÁRIO PARA VIVER

Segundo estudos numerosos, mais ou menos aos 5 anos de idade já aprendemos 80% de tudo o que precisamos saber na vida sobre o cotidiano, sobre os modos de viver e conviver.

Claro, não vou aprender Álgebra nem História da Grécia antiga. Vale a pena especificar a questão; ela tem tudo a ver com a educação familiar.

Por que as crianças aprendem tanto nos cinco primeiros anos de vida? Inicialmente, os filhotes têm avidez para aprender e aprendem depressa. Notem o seguinte: na selva, entre os animais, o filhote tem de aprender logo o que lhe cabe aprender, senão ele é comido pela onça. Se você assiste à televisão, já deve ter visto mais de uma vez, como eu, a seguinte cena. Num documentário sobre a natureza, um bando de búfalos vai andando. Aparece uma fêmea dando à luz (andando), o filhote cai; ela pára, volta, come a placenta, lambe o bezerrinho, empurra-o com o focinho. Depois avança uns passos e espera. Enquanto isso, o bando de ruminantes vai comendo capim e andando devagar. Neles há um instinto muito poderoso *de não se afastar da manada*.

O bicho que está junto aos outros não será comido pela onça; os grandes carnívoros escolhem sempre os extraviados. A fêmea, então, após avançar uns dez metros, pára, olha e volta; lambe o filhote mais um pouco, chacoalha o bichinho, dá uns empurrões para que ele se ponha de pé; se depois de dez a quinze minutos de ter nascido ele for capaz de se pôr de pé e andar, está salvo; se não conseguir andar, ela vira as costas *e vai embora*, seguindo a manada, e o filhote é abandonado.

Este é um modelo de animal cujo comportamento é muito simples em relação ao nosso. Mas serve para ilustrar o ponto: filhote tem de aprender depressa, senão não sobrevive.

Conclusão número 1:

FILHOTES NASCEM ÁVIDOS PARA APRENDER

Este é o ponto que importa ao educador. Aliás, não há nenhuma curiosidade no mundo, nem de gênio nem de professora, igual à curiosidade de criança quando está na dela. Quando quer aprender *coisas dela* — vamos insistir. Não o que o MEC determinou...

Como o ser humano ao nascer depende demais dos outros e como essa dependência dura quatro ou cinco anos (pode-se conversar muito sobre este número; logo falaremos disso), estes cinco anos são o período de aprendizado máximo. Tudo o que a criança percebe, guarda; tudo o que ela pode, aprende.

Em família — agora não é crítica, apenas uma frase costumeira — muitas vezes se diz: "Não, por enquanto ele é muito pequeno, mais tarde vai aprender". Quem fala assim vai ter de fazer muito pelo filho até o fim da vida. Porque a época para ensinar à criança, não altos princípios morais, mas a desenvolver pequenos hábitos confortáveis que facilitam a vida, é até os 5 anos.

A mãe que dedica meia hora a ensinar pequenas ações e cuidados do cotidiano está ganhando dez anos de escravidão a menos no futuro. Se não ensinar nesse período, por imitação e orientação prática, terá de fazer por seu filho, e ele dificilmente fará por si mesmo.

"MANHÊÊÊ"!

Ela se torna um robô ligado aos caprichos da criança. Muitas, depois desta "ligação", passam a fazer quase tudo pelo filho, pela vida afora — até depois que ele se casa. Aí ela vira sogra — porque a esposa não irá substituí-la (se a esposa tiver juízo!).

Este conselho não é bem para professores; é mais para as mães (serve para professoras que são mães e para mães em geral com filhos até 5 anos). Para estas, recomendo meu livro *Minha querida mamãe,* escrito especificamente para esta idade. O livro não é completo, mas dá opiniões boas e novas nessa área.

Então, dizia eu, faça a criança fazer e acompanhe. Você agora perde meia hora, amanhã mais meia hora e depois de amanhã mais meia hora. Mas você ganha anos de vida e de sossego mais tarde se agora fizer isso.

Você, mãe, vai ser infeliz e seu filho vai ser infeliz também. Se você dissesse "eu faço tudo por ele e ele vive cantando", eu até reconsideraria a questão. Fazer alguém feliz é uma boa coisa. Mas, se uma pessoa vive fazendo muito por outra que está sempre de beiço e cada vez exigindo mais, não é bom para ninguém.

Para ninguém.

Não posso deixar de dar este conselho também: o novo homem, muito falado, o homem do próximo milênio, não vai se formar sozinho, nem por acaso; não adianta ficar esperando o Messias. É preciso formá-lo a partir de agora. Daqui a uns quinze anos ele será um homem mais amoroso e um pai mais decente.

SE NÃO HOUVER UMA NOVA MÃE, NÃO HAVERÁ UM NOVO HOMEM

Como se pode fazer para ser uma nova mãe? Aqui já esbarramos na professora, porque entre ela e a mãe há mais semelhanças do que as que aparecem à primeira vista.

A regra de ouro está em *Minha querida mamãe*, e é realmente uma regra de ouro.

Diante de uma questão que a criança propõe — pode ser uma pergunta, uma travessura, uma teimosia, coisa ruim ou boa, não vem ao caso —, nunca, nunca, NUNCA faça a primeira coisa que der vontade de fazer e NUNCA diga a primeira frase que vier à cabeça.

Porque esta é a sua mãe. O automático é muito mais veloz do que o refletido. E se, diante do fato, você der a resposta "espontânea" estará em automático, estará duplicando o caminho e os costumes de sua mãe.

Muitas pessoas na adolescência criticam muito os pais. Quando casam, vivem perplexas; já ouvi esta história muitas vezes: "Gaiarsa, estou fazendo tudo o que minha mãe fazia"! É porque os cinco primeiros anos se gravam pelo resto da vida; são as mais profundas e persistentes gravações. Portanto, se alguém quiser ser uma nova mãe, é só usar a velha regra de contar até dez — também boa para não brigar. Veio o impulso, corta, pelo amor de Deus! *Este impulso, sentido por você como muito seu, não é nada seu.* É uma carimbada direta da sua mãe. Você estará revivendo e re-produzindo (produzindo outra vez) a velha história.

> E com isso a família se torna uma instituição absurdamente anacrônica. Nove décimos das mães reproduzem nove décimos do que as mães fizeram com elas. Desse modo, estarão reproduzindo eternamente os velhos costumes e o velho mundo.

Vamos saber um pouco mais sobre esses cinco primeiros anos. São dados bastante úteis para educadores. Leio muita coisa e às vezes resumo em poucas palavras ensinamentos colhidos em vinte ou mais livros espalhados e de difícil acesso.

O QUE A CRIANÇA TANTO APRENDE EM CINCO ANOS?

Nos primeiros meses da vida há um aprendizado — eu o chamo assim — visceral. Na vida intra-uterina, a criança nunca respirou. Sua circulação era diferente da do adulto. Ela nunca digeriu. Nunca produziu urina nem fezes. Nunca fez quase nada do que fará depois. Acabando de nascer, ela começa a respirar — o primeiro dos aprendizados vitais. Aos poucos ela vai aprendendo a mamar (comer), a digerir, a evacuar e todas as demais funções.

Uma das queixas das mães, sinal da sua inconsciência: criança dá muito trabalho. Dá trabalho se inventar trabalho para fazer. Criança, se levada direitinho, não dá tanto trabalho assim.

Dados de mãe excepcional, terapeuta, relatando sensações e emoções ligadas à sua maternidade: "Quando acabei de dar à luz, nas primeiras horas seguintes fiquei perplexa por sentir duas vontades incríveis. Uma era de dar de mamar — muito maior do que o bebê de mamar. A outra *(e esta é mais importante no nosso contexto):* quando ele dormia, sentia-me totalmente inútil".

Ora, se você levar em conta que um recém-nascido saudável dorme de dezesseis a dezoito horas por dia, ser mãe é uma folga — e se você não ficar grudada no berço, pensando se tem um mosquito, se ele está com muito calor, com sede, se vai bater um ventinho e é preciso fechar a porta...

Se conseguir superar a montanha incalculável de preconceitos idiotas sobre as mães, você vai ser feliz.

Outra vez: para ser feliz basta pouco. Mas é preciso se livrar de uma carga fantástica de preconceitos — e isso é bem difícil.

Há muito tempo repito com prazer (muita gente repete) uma famosa frase de Jesus Cristo e de outros grandes homens: "Quem não se fizer criança outra vez não entrará no Reino dos Céus".

Bonito, não é? Mas o que quer dizer voltar a ser criança? Quer dizer: *preciso jogar no lixo tudo o que me ensinaram.* Não há outro jeito de voltar a ser criança. Como dizer que sou criança se conservei tudo de adulto? Não, para voltar a ser criança, repito, tenho de jogar no lixo o que me ensinaram. Guardem essas coisas, pois eu e Jesus nos entendemos muito bem (é um autor antigo — cerca de 2 000 anos — mas ainda muito atual).

Voltemos aos 5 anos da criança. Esquematizando as coisas: são seis meses dormindo dezesseis horas por dia para começar a existir neste mundo e começar a funcionar como uma unidade orgânica relativamente independente: aprendizado de funções viscerais.

Não há muito o que fazer, um mínimo de cuidado, de atenção, de presença quando ele está acordado. Mais fácil ainda se, em vez de usar mamadeira, a mãe der o seio. Assim, não é preciso esterilizar nada, misturar nada. Dá muito pouco trabalho e, em condições ideais, a própria amamentação — o aconchego, a proximidade — é um triplo prazer, uma coisa muito agradável para qualquer pessoa.

PELE NA PELE

Se é uma criança, e meu filho, vou supor que deve ser melhor ainda. Aconchego, o prazer de dar, e às vezes até um prazer vagamente erótico.

O seio rigorosamente normal, sem ferida nem nada, e que produz leite, quando é bem sugado supõe-se que seja uma fonte de prazer. Algumas mulheres declaram (nunca para as mães delas) que aleitar uma criança é quase erótico. Eu acredito que seja, dado que o mamilo é uma zona erógena mais do que conhecida e estabelecida.

São, então, três grandes fatores de prazer recíproco, e não de trabalho. Aproveite o gosto em vez de se queixar do sacrifício. Será ótimo para a mãe e para o bebê.

Primeiros seis meses: aprendizado visceral e primeiros contatos, muito importantes do ponto de vista afetivo — todos sabem.

Cito uma inversão científica que achei espantosa, pelo fato de um cientista ter tido a coragem de dizer o que disse. Esse cientista famoso fez uma experiência, da qual quase todos já ouviram falar. Separou chimpanzés da mãe logo no primeiro ou segundo dia depois do nascimento. Criou chimpanzés em gaiolas. Numa das gaiolas — que eram comunicantes — havia uma armação de arame. Nela havia dois pequenos bicos de mamadeira, proporcionais ao da macaca, vagamente na posição certa. Do outro lado, outra armação, revestida de veludo. Sabem o que aconteceu com esses bichinhos? Passavam grudados na armação de veludo — guarde o número porque ele é exato — 99% do tempo. Quando estavam com fome, saíam depressinha, mamavam depressinha e voltavam a se agarrar na mãe de veludo. Como esse cientista iluminado interpretou esta história?

Primeiro um lado triste: esses macaquinhos nunca mais se acertaram na vida, vê-los é um espetáculo lamentável, e o próprio experimentador declarou que, se soubesse o que ia acontecer com eles, não teria feito a experiência. Há documentos a respeito.

Agora, a inversão que me deixou espantado e encantado. Levando-se em conta *o tempo* que os macaquinhos passam junto do veludo e confrontando-o com o tempo da alimentação, pode-se concluir: *contato, calor e maciez são mais importantes que a alimentação!* Claro que eles precisam do suficiente para sobreviver, mas isso eles conseguiam em quinze minutos por dia.

Todo o interesse dos macaquinhos estava no contato macio, de pele (ou de pêlo, para eles que são peludos).

O que continuou pensando o cientista? O pensamento tradicional diz que a ordem dos mamíferos se formou porque eles começaram a aleitar os filhotes, e, em função do aleitamento, o aconchego começou a ganhar importância também. Diz o cientista: "Em função da experiência que fiz, é preciso dizer o contrário. O fundamental para os animais — e para nós — é o contato, o aconchego e a proximidade. E por isso nós nos fizemos mamíferos!"

Percebem o pulo de trapézio que este homem deu no espaço? Ele disse:

CARINHO É MAIS IMPORTANTE QUE ALIMENTAÇÃO

Claro que ninguém será tolo a ponto de dizer que não é preciso comer. Mas comer é muito secundário. Havendo o suficiente, acabou-se e não tem mais problema. O que o bebê quer é aconchego, proximidade.

Quero deixar aqui meu protesto veemente contra as maternidades médicas e os hospitais. São criminosos conscientes, *porque a pior coisa que se pode fazer a uma criança que acaba de nascer é afastá-la da* mãe. Difícil imaginar uma loucura, uma imbecilidade, uma crueldade pior do que esta. E eles sabem disso, vejam bem. Porque o que estou dizendo não é novidade para ninguém. Quanto mais se sobe nas espécies animais, maior a proximidade mãe e filho. O pequeno chimpanzé fica grudado à mãe — grudado — de um ano e meio a dois anos. Todos os primatas são assim. Não têm meia dúzia de filhos; quase sempre têm um só. E esse um fica grudado na mãe, meses a anos. O nosso não. "Infecção, sabe!? É perigoso! Separa! Põe lá longe, deixa a mãe em paz!" Uma catástofre, um crime gigantesco, de clamar aos céus. Espero que vocês adotem um pouco esta posição e esta guerra. É uma guerra santa. Deixemos esta criança ficar do lado da mãe e preparemos a mãe para ficar com a criança. As duas são necessárias uma à outra.

Num hospital grande de São Paulo, eu conversava com um companheiro e ele disse com aquela cara que a gente conhece: "Não! Aqui a gente deixa a mãe escolher. Se ela quer ficar com o filho, pode". Mas a cara e o jeito diziam assim: "Mas nós desaconselhamos". Parece ser muito trabalho para eles, para a enfermeira, sei lá para quem, sei lá qual é a história. Alias, não sei como pôde se fazer esta história. Mas este crime está aí, e é monstruoso.

Voltemos um passo. A criança, então, ao mesmo tempo que está aprendendo o funcionamento visceral, está tendo os primeiros contatos com o de fora (no útero era de dentro para dentro). Aos 6 meses, por alto (tudo isso é muito gradual, são fases que se sobrepõem, não há rigor na divisão), ela começa a sentar. Já pelo terceiro, quarto mês a criança que está acordada mexe, pedala, faz mil ruídos. Faz mais, algo peculiar. Passa longos períodos movendo as mãos diante dos olhos — que as acompanham. Recordemos:

A TECNOLOGIA É, TODA ELA, TRABALHO DAS MÃOS DIRIGIDAS PELOS OLHOS!

Mas dos 6 meses até os 6, 7 anos a tarefa da criança é aprender a se mexer. Porque nosso aparelho locomotor é a máquina neuromuscular mais complexa do universo conhecido. Mexer-se é tão fácil que nós achamos que deve ser muito simples a organização neurológica dos movimentos. Basta ver algum movimento, basta ensaiar um pouco e já estamos fazendo parecido. Dois terços do peso do cérebro servem apenas para produzir, conter, controlar e coordenar nossos movimentos.

Dois terços do peso do cérebro! O que esclarece muito bem o que Piaget disse. Tudo não; conheço Piaget muito por alto. O principal dele acho que eu peguei, pois já estava por perto vindo por outros caminhos. Se entendi, uma das lições básicas de Piaget é a seguinte: só consigo manipular idéias eficazmente, isto é, pensar operacionalmente, se eu manipulei — com as mãos! — muitos objetos, se fiz — com as mãos — muitos gestos e ações.

Manipulação concreta (com as mãos) e abstrata (com idéias) são homólogas. Se eu nunca pus nada em cima de nada, eu não sei o que quer dizer "pôr em cima". Se nunca me pus embaixo de uma mesa, eu não sei o que quer dizer "embaixo". Se nunca juntei duas coisas — com cola, parafuso ou prego —, não sei o que quer dizer juntar. O pensamento operacional no fundo é isso: um processo mental abstrato, mas que está em paralelo perfeito com um processo físico-concreto. Na hora em que começo a pensar coisas que nunca fiz (é possível repetir o que outros dizem), não sei mais o que estou dizendo. Estou falando, posso até falar bonito, mas não sei do que estou falando se não experimentei nada que estivesse concretamente em paralelo com a conexão abstrata que estou fazendo "na cabeça" (ou sabe Deus onde).

Repito, pois minha mensagem neste ponto é importante (há cinqüenta anos sou apaixonado pelos nossos movimentos): numa escola do futuro, onde se cuide efetivamente de crianças, e não de preconceitos sobre crianças, 40% do tempo seria dedicado a movimentos. Desde grandes movimentos — como num parque de diversões mesmo, com um monte de bugigangas para se pendurar, subir, descer, escorregar — até um monte de coisas para fazer com as mãos: cortar, colar, parafusar, serrar, pregar, pintar, desenhar, tecer e outras mais. Além disso, a presença de um instrutor, que levasse a criança a ampliar sua consciência durante os movimentos e não só a fazer coisas, mas perceber como faz e a coordenar cada vez melhor os próprios movimentos. Quarenta por cento do tempo, numa escola decente, seria usado desse jeito. Seria a melhor preparação para mais tarde começar a chamada educação intelectual (verbal). A criança já começou a aprender contato, já se sustenta organicamente, já começou a se mexer. Essas são três áreas de conhecimento da criança. Então ela avança mais. A quarta área é simples e clara — e complicadíssima ao mesmo tempo: ela está aprendendo a falar.

De muitas fontes se diz que quase metade do cérebro (em termos diferentes dos do movimento) serve só para falar. E aprender a falar, que é tão fácil, é uma coisa infernal de genial, curiosa e estranha. Em certos momentos percebemos coisas da língua que são mágicas. É do 0 aos 5 anos que a criança praticamente aprende a falar. Por imitação; praticamente ninguém precisa lhe ensinar nada. É só deixar que ela vai imitando. Estou encurtando o que é extenso. Pensem: há cerca de 2 000 línguas no mundo, e, nasça uma criança onde nascer, é certo que aprenderá a lingua local. O cérebro é sempre o mesmo...

A IDADE DA NEUROSE

Por fim, o quinto, e talvez o mais importante aprendizado da criança. Vou usar uma expressão que não é boa, mas é clara: as "jogadas" da Análise Transacional, ou os "mecanismos neuróticos" das pessoas.

> A criança, desde 1 ano ou antes, já aprende como chamar alguém, como despachar alguém, como irritar alguém, como encantar alguém, como conseguir o que ela quer, como evitar o que não quer, como ir para onde gosta e não ir para onde não gosta. Ela está adquirindo todos os manejos básicos de "vou-não vou", "quero-não quero", "gosto-não gosto", "aceito-não aceito". Este é outro aprendizado gigantesco e um dos fundamentos do que, mais tarde, os psicólogos chamarão de caráter. Basicamente: como é que eu consigo aquilo que preciso e como evito o que me incomoda com astúcia, com jeito, com teimosia, com espontaneidade, com exigência — do jeito que for.

Acho que está claro agora por que a criança até os 5 anos aprendeu 80% de tudo o que irá aprender na vida. Menos o aprendizado formal (verbal), que ela vai desenvolver na escola.

Vamos nos deter um pouco mais neste aprendizado que vou chamar — um pouco elasticamente — de afetivo, em paralelo com as "jogadas" das pessoas. Reações afetivas: medo, raiva, amor, despeito, ciúme, inveja, ressentimento, amargura... A maioria das emoções tem expressões características, mas os nomes das emoções são ambíguos, podendo a mesma palavra ter significados bem diferentes para diferentes pessoas. Então vamos falar da vida afetiva.

> **A família é a maior perturbadora de relacionamentos afetivos que se pode imaginar. Porque em família existe a obrigação de amor e a proibição de amor. Você tem de amar papai, mamãe, titia, vovô, vovó, o cachorrinho, o primo e o tio. Agora, com estranhos, cuidado! Sabe, eles não são da nossa família! Não sei se são tão boa gente como nós. Cuidado com eles!**

Mas muitas vezes um filho não gosta de uma mãe, e acontece até de uma certa mãe não gostar de um certo filho. Entre mães e filhos também existem afinidades e divergências. O que me parece ridículo — aliás, a maioria dos preconceitos familiares me parece — é isto de que a mãe ama todos os filhos por igual. Uma mãe que ama todos por igual é um sargento de exército que trata igual todos os praças que estão vestidos com a mesma farda verde.

Vamos cuidar um pouco de um assunto explosivo. Consideremos uma mãe com dois filhos ou mais. Pergunte a ela: eles são iguais entre si? Não — ela responderá —, eu percebo que eles são muito diferentes, este é assim, alegre, aberto, aquele é mais carrancudo, fechado. Se eles são diferentes, como pode a mãe amá-los por igual? Aliás, não sei o que quer dizer "amar igual". Se são duas pessoas, não pode ser o mesmo amor.

— Ah, então a senhora ama duas pessoas.
— Amo.
— Que tal amar seu marido e seu namorado?
— Nããããão!!! Não pode, tem de escolher um.

Se é uma moça que tem dois namoradinhos... não! Um é amigo, outro é namorado. Quem é que disse que não podemos amar duas ou mais pessoas na vida? Primeira estropiada violenta que a família produz nos sentimentos: tem de ser marido e mulher, um para um. Se eu percebo bem os filhos, eu sei que amo diferentemente cada um deles. Nem uso as expressões "mais" ou "menos" amor. Poderia usar, mas dá muita complicação. Vamos deixar só assim: se tenho um mínimo de sensibilidade, não amo duas pessoas do mesmo jeito. E mais (agora uma trombada de frente): a infidelidade, tão famosa, a maldita traição, é uma coisa impossível! Impossível, sim.

A INFIDELIDADE É IMPOSSÍVEL

Se amo você e ela, jamais poderei dar a você o que dou a ela. Dizer "trocar" é melhor. É impossível, com duas pessoas diferentes, fazer duas trocas iguais. Repito: com duas pessoas diferentes jamais posso fazer trocas iguais.

Então, se tenho uma mulher e uma amante, não adianta nenhuma delas se queixar. O que aquela me dá esta não dá. E o que esta dá aquela não dá. O que dou para aquela não dou para esta. *Não consigo* dar para esta, vejam bem. Não é que eu não queira. Não estou falando de objetos, presentes, dinheiro ou móveis. Estou falando de caras, jeitos, tons de voz, gestos, falas.

Pessoas que percebem as outras muito mal poderão ter modos muito parecidos com várias. Mas aí não há *relação* — nem sei se há alguém — se há duas pessoas bem definidas uma para a outra.

A maior burrada do mundo é achar que, se amo duas, amo metade cada uma. "Ah, se você ama duas fica muito pobre, o que você não dá para esta dá para outra." Dá nada. Amor não é dinheiro. Não é coisa que, se é para duas, dou metade. Nunca. Na verdade digo até o contrário: quanto mais amores eu tenho, mais eu sou capaz de amar, e isto é uma das coisas mais maravilhosas da natureza humana. E da humanidade em geral. Poder amar muito, e não só as cinco pessoas da minha família!

A família é a maior inimiga do amor pelos outros. A maior inimiga. Está claro?

Agora vamos tentar aplicar um pouco dessas coisas que dissemos — quanto disso e o que disso poderia ser feito na escola para corrigir as coisas ruins que são formadas em família.

Uma coisa que pode ser feita, e que a meu ver seria muito bom que se fizesse, é o seguinte: no Dia das Mães (não só nele, mas aqui o tomamos como típico) é fatal que se peça uma composição sobre a mãe; eu, como professor, diria que não é preciso elogiá-la nem dizer que ela é maravilhosa (pois isso todos sabem); pediria que o aluno fosse bastante sincero. Seria uma primeira saída.

Uma segunda saída: em outro dia, numa aula de Português possivelmente, se pediria aos alunos que falassem o que acham sobre suas mães. Mas aqui é preciso que a professora tenha cabeça própria. Não de saber coisas, mas uma atenuação dos próprios preconceitos, para não deixar as crianças exporem preconceitos. Se a criança disser: "Ah, a minha mãe é muito boazinha", olha-se bem para a criança e pergunta-se: "Ela é mesmo muito boazinha? Nunca dá umas palmadas em você?" A criança pode responder: "Dá, mas mamãe tem sempre razão, né?" E a professora: "Você acha mesmo que ela tem sempre razão?" "Ah, mas mamãe sabe." "Será que a mamãe sabe tudo?"

Começar a injetar na criança o veneno da crítica à própria mãe — este o conselho! É uma das coisas mais benéficas que a professora pode fazer na vida. Vejam: *não estou propondo a obrigação de falar mal da mãe, mas da autorização para fazê-lo, o que é inteiramente outra coisa.* Por que um conselho tão esdrúxulo, estranho, esquisito, blasfemo, diria alguém? Veremos em outra conversa o quanto é proibido falar mal da mãe e/ou do pai e o quanto este aprendizado da omissão da crítica repercute na mente e no comportamento das pessoas.

Então não se pode ver o que está embaixo do nariz. Depois não se pode criticar o presidente, nem o padre, nem o pai, nem o avô, o professor, o patrão, o diretor, o mais velho... E, se eu disser, me encrenco feio. Portanto, a família é a maior escola de mentira do mundo. Por isso, digo ao professor que facilite para as crianças falar mal da família, e é por isso que tal permissão pode ser tão benéfica. Não é uma questão de reforçar críticas injustas, mas sim de criar um campo em que a criança possa dizer essas coisas. As pessoas às vezes são assim, mãe é gente, mãe também tem defeitos — só isso. Baixar o nível do mito maternal.

Se você quer saber, é isso mesmo que o terapeuta faz, e com mau jeito, vinte anos depois, quando talvez não adiante mais nada. Uma coisa é a criança de 6 anos com simpatia pela professora que a estimula e apóia. Se ela o fizer, estará executando uma ação muito atuante *agora*. Daqui a vinte anos, muita coisa já passou por aí, e para tocar nesse ponto será preciso desenterrar talvez uma montanha de entulho.

Então, dado concreto e prático: no Dia das Mães ou em outras festividades, que se diga que as mães são boas, sim, que amam, sim, mas que também às vezes são umas pestinhas, certo? E deixemos as crianças falarem; vocês não imaginam o bem que faríamos a elas — para elas e para as professoras, cá entre nós.

Não costumamos criticar as mães, mas nos queixamos delas. E nos queixamos como se elas devessem ser perfeitas. Quase todo mundo, quando critica a mãe, tem como pressuposto que a mãe deveria ser santa. Essa forma de encarar os fatos é que é péssima. Cobramos das mães uma perfeição que ninguém tem — e achamos que isso é natural!

MÃE NÃO PODE TER DEFEITOS!!!

Esse é um ponto em que professores podem influir muito: numa liberação emocional, para a criança não ficar contida, com a impressão de que é sempre culpada. Se, como diz o preconceito, "mãe está sempre certa", então *criança está sempre errada*! Quem pode estar sempre certo? A criança até pensará em certos dias: eu não gosto da minha mãe. Quantos de nós se lembram disso na infância? Em certos dias, certas horas, depois de certos momentos ruins, pensamos: eu odeio minha mãe, essa mulher é uma megera, uma bruxa. Mas não podíamos dizer isso para ninguém. Tínhamos de embutir, engolir e aos poucos ir esquecendo, porque não se pode falar mal da mãe a sério. Criticar com calma e com jeito não pode; queixar-se pode.

Não estranhem, então: os professores estarão tendo uma notável influência nos sentimentos das crianças quando permitirem que elas possam se manifestar com mais veracidade sobre as mães e sobre eles — os professores.

Depois do Dia das Mães vem o Dia dos Professores (maquiavélico, não?).

E OS PAIS?

Todos falam muito da mãe. Até os 5 anos quem fica realmente muito perto é ela. Mas dos pais brasileiros, muito sumariamente, vou dizer o seguinte: metade deles é alcoólatra crônico. Os de baixo tomam pinga (nove em cada dez) e os de cima tomam uísque (um em cada dez). Mas os dois chegam em casa daquele jeito porque os dois odeiam chegar em casa, se você quer saber — entre outros fatores. Metade de alcoólatras crônicos. Mas pai é pai! É aí que às vezes o preconceito alcança um nível de desespero total. Já cuidei de várias pessoas que tinham pais monstruosos, psicopatas completos; casos de pais que chegavam bêbados, faziam todo mundo sair nu na rua de noite; casos de sair ameaçando de faca, de machado. O inferno dura anos e anos e a pessoa na minha frente ainda conclui: mas pai é pai!

Estou me lembrando de extremos, mas também os pais podem não ser tão bonzinhos assim. Não vou dizer que todos eles pegam um machado para ameaçar a família, mas pais podem ser muito chatos também, sem ser criminosos desse nível.

Metade dos pais brasileiros é alcoólatra crônico. Trinta a 35% dos restantes são ausentes. Saem de manhã e voltam à noite. Eu até diria que são os regulares — são aqueles que ao menos sustentam a família. Chegando à noite, ou vão ver televisão, ou vão ao bar tomar umas, ou entram em casa e dormem. Como regra geral, homem não tem muita atenção nem muito jeito com os filhos nem com a mulher. Sobram 15%, 20%. Que sejam 20%. Desses, 15% são professores, moralistas (5% simpáticos e 95% muito chatos). São os pais que contam histórias do tempo deles na hora de comer. "Porque no meu tempo se fazia assim, como é que você quer fazer de outro modo? Porque eu era honesto, eu sempre dizia a verdade, eu era ótimo aluno, porque eu, porque eu, porque eu..."

Para muita gente simples, a única audiência são os filhos. E quem tem uma audiência fala (vejam o tempo que já estou falando...). Enquanto vocês continuarem ouvindo, vou continuar falando. Até entendo muito bem esse pobre pai que chega na mesa e fala, fala, fala...

Sobram 5%. Se 5% dos pais do mundo forem sofrivelmente responsáveis, interessados, desejosos de aprender e de repartir; se no mundo inteiro houver 5% de pais assim, eu começarei a confiar no futuro da humanidade. Cinco por cento, e eu fico feliz da vida. Inclusive porque homem não tem tradição pedagógica. Pai é autoridade. Não é alguém a quem se ama, é alguém a quem se obedece (exagerando). Mas não misturem o que digo com pais individuais. Tem gente boa nesse mundo. É capaz que entre os leitores alguém se salve, alguém tenha pai e mãe com quem dá para conviver.

O PROGRAMA NÃO FALA DE AFETOS
(AMAR É PROIBIDO)

O maior buraco de nossa educação é que na escola não se fala em afetos para crianças, que são, acima de tudo, sentimentos. Ainda são muito pouco cabeça. São muito corpo, muito víscera, muito emoção, muito movimento... Aceitamos que as crianças se agitem e perturbem, mas eu acredito que uma criança bem atendida não será nem muito barulhenta nem muito agitada. Criança que tem um pouco de atenção de boa qualidade pode ser muito tratável.

A criança responde à maneira como é tratada. Trate um filho como débil mental e daqui a uma semana ele estará babando. Trate um filho como alguém talentoso e daqui a pouco prepare-se para ficar surpreendida com os reparos e observações que ele começará a fazer.

Os pais são o clima, o ambiente e o mundo da criança. Ela nasceu altamente predisposta a confiar e a acreditar. Se for sofrivelmente bem tratada, não dará a trabalheira de que as pessoas tanto falam.

Nossa família infantiliza a criança de uma forma atroz. Vou esclarecer. Em São Paulo existem já 5 milhões de crianças abandonadas. Vira e mexe vê-se na rua um garoto de 5 anos sobrevivendo por conta própria nessa selva infernal. Cinco aninhos! Entre índios é a mesma coisa. Um indiozinho de 5 anos não precisa de ninguém ao lado dele o tempo inteiro.

Não estou sugerindo que façamos como os índios — não tem cabimento. Mas notem que deles vem uma lição. *Quando* uma criança está madura? Claro que são vários níveis, mas eu diria que 5 anos é o nível básico de sobrevivência. Qualquer criança de 5 anos que não tenha sido violentamente estupidificada pela educação talvez consiga sobreviver até numa floresta. Desenvolvendo astúcia, esperteza, fugindo, aprendendo e tudo o mais.

Aos 12 anos, a maior parte das indiazinhas da tribo já está com nenezinho no colo. Doze anos! (Julieta tinha 13; Romeu, 14). Aos 14, grande número de tribos faz o ritual de passagem de adolescente para adulto. Catorze aninhos! Para nós... "O meu filhinho, coitadinho, tem 28 anos!" Tem o dobro da idade, já podia estar por conta própria há muito tempo. Nós infantilizamos e paralisamos nossos filhos além de qualquer limite imaginável ou concebível. É claro que na cidade grande as circunstâncias são muito diferentes, mas uma coisa é verdadeira e, se quiserem um conselho para economizar psicoterapia no futuro, aqui vai: boa família é aquela que fica junto o menos possível.

Família boa — na qual até podem ocorrer bons momentos e haver bons sentimentos — é aquela que fica junto, repito, o *menos* possível.

Estou convencido: *não temos nenhuma capacidade natural de conviver muito tempo em um pequeno grupo*. Não precisa nem ser família. Se você trabalha numa empresa onde haja cinco funcionários na sala, dentro de um mês começa-se a ouvir:

— Nossa, que cara esquisito aquele!

— Ele faz cada uma!

— Aquele chega sempre atrasado!

O outro, olhando de longe:

— Nossa, como são escandalosos!

No lar é a mesma coisa, ou pior, porque a rede de preconceitos é muito mais densa na família do que no trabalho.

Quero sublinhar: esta crítica não é específica à família. Obrigue-se quaisquer cinco pessoas a conviver muito tempo juntas, muitas vezes, e elas vão armar um salseiro infernal. Exatamente o que acontece na família. Caras feias, bater de portas, xingação, pessoas que não se falam durante três meses, birras, críticas a toda hora, brigas sempre as mesmas, um horror... Família é muito isto e muito assim.

O PROGRAMA FALA TÃO POUCO DE SOCIALIZAÇÃO

*V*oltemos. Desenvolvimento afetivo não existe nem é falado na escola. O que professores podem fazer nesta área?

Voltemos um ponto: na escola ideal, metade do tempo seria dedicado ao movimento, à criação, à fantasia, ao brinquedo, ao teatro, à música, à cantoria etc. Trinta por cento do tempo, recreio apenas, e a fundamentação desses 30% é surpreendente — pela omissão! *Jamais a escola cuida explicitamente da socialização.* Está suposto que as crianças acabarão convivendo, mas ninguém discute a qualidade desse convívio, que é péssima. Então, 30% do tempo seria recreio, com gente grande passeando junto, brincando, fazendo amizade, entrando numa briguinha. A criançada aprendendo a conviver, com uma ligeira supervisão (ligeira, sim, pois é mentira dizer que o adulto é bom nisso). Muito bom seria se o adulto se dispusesse a aprender junto. Se tiver essa disposição e brincar com a criançada, já estará fazendo coisas maravilhosas. Quanto menor o jeitão do professor que sabe e explica, melhor.

— Vamos brincar. Gosto de você. De você não

gosto muito — que posso fazer!? Procure quem goste, tem tantos aqui.

Essa regra é muito boa.

A pior coisa do mundo é a obrigação ou a encenação de gostar, de atender e prestar atenção quando não estou com paciência nem disposição para isso.

Então, fico junto de quem gosto. E dos que não gosto? Procurarão os seus, porque, em quarenta alunos e cinco ou seis professoras, a criança achará quem goste dela. De nada adianta querer explicar ou esperar que todos gostem de todos. Isso não existe nem acontece. E seria parecido com a obrigação de amar a todos da família e de permanecer juntos a qualquer preço e o tempo todo.

Isso não desenvolve sentimentos. Ao contrário, os neurotiza, fazendo entrar em esquemas e modelos rígidos. Tudo pose, faz-de-conta, encenação... mentira!

Tudo isso pode ser feito. Talvez não haja os 30% de recreio, mas que se faça assim no recreio que houver — e eu batalharia muito para que houvesse mais. Principalmente (vou dar um chute) até os 10 anos. Daí para a frente não sei como é; não gosto de dar papitos nem de falar coisas muito vagas para mim. Eu gostaria que até 10 anos houvesse movimento, música, imaginação, sentimentos e convívio.

Quase nada disso é pensado e muito menos feito.

Os professores ficam aliviados na hora do recreio...

Agora vou falar do limite do absurdo: sexo!

Hoje em dia, um pouco por causa da Aids, um pouco por causa dos tempos, a idéia geral é que estamos nos liberando e as coisas estão muito mais soltas, mais fáceis. Preconceito já não há muito, todo mundo faria seu gosto — um pouco escondido — ou nem tanto! Mas (e eu gosto muito dessa frase, mesmo um pouco crua como ela é), apesar de toda a conversa meio fiada sobre liberação sexual, continua verdadeiro hoje — como há muito tempo — que na sagrada família ninguém tem pinto nem xoxota. E quem disser que mãe tem essa coisa horrível é um blasfemo. Mãe só na maternidade, na hora de dar à luz. Depois não tem mais. Criamos uma idéia tão idiota, tão ridícula e tão louca de sexualidade que mãe não pode ter isso. Do lado dos homens (leia meu livro *O que é pênis*), temos o perseguido cósmico: o pinto. Ele não pode aparecer em lugar nenhum, a não ser em segredo. Apareceu em público, chama-se a polícia ("Tem um louco aqui mostrando que tem!"). Rimos disso, mas vivemos num manicômio.

Negar a sexualidade não é um "mecanismo neurótico", como dizia Freud. É uma importante obrigação social. Quem não nega é... anormal.

Como é que se pode negar essa coisa desse jeito?

Outra vez aterrissamos: o que professores podem fazer a respeito? Pouco, mas importante. Certamente, quem é professor já girou com essa questão da educação sexual. Não sei que tentativas ou propostas o leitor conhece, mas uma das conversas que ouço muito — eu falo muito em escolas — é a seguinte: "Olha, Gaiarsa, vira e mexe a gente propõe. Metade dos pais acha ótimo, metade fica indignada. Não, senhor, não pode". Não se pode manchar a "inocência" das crianças, não é?

EDUCAÇÃO SEXUAL — A TRAGICOMÉDIA

No meu tempo, era convicção coletiva e inabalável: sexo só na adolescência e olhe lá. Antes disso, ninguém tinha sexo. Um dia o pai batia nas costas do marmanjão de 16, 17 anos e dizia: "Agora você tem (pinto!), viu? Então, vai em tal lugar, faz assim..."

A menina, pelo amor de Deus! Só quando casava.

Tudo isso é muito engraçado, mas tudo isso é de louco varrido — e de apenas meio século atrás.

O que é que os professores podem, então, fazer a respeito? Educação sexual: espero que cedo ou tarde tentem, pelo menos — embora eu seja cético. Algumas formas de educação sexual que foram feitas eu não chamaria de educação sexual. Diria que são aulas de biologia da reprodução. Mas isso não é educação sexual. Falar sobre óvulo, espermatozóide, fecundação, gestação, é muito bom que se fale. Mas não se tenha a ilusão de que isto está educando sexualmente a criança.

Muitos anos atrás fui convidado a acompanhar uma aula de educação sexual numa escola de vanguarda em São Paulo. Duas coisas naquele curso me chocaram incrivelmente (uma me chocou, a outra achei engraçada). Como naquele tempo não era fácil achar figuras, sendo eu médico, tendo dado muitas aulas e tendo livros, levei para a escola uma figura do genital feminino para ver o que achavam de utilizá-la. Deixem-me sublinhar que a figura não era nem de uma mulher, mas só do períneo, como num exame ginecológico. Não era fotografia; era um desenho a bico-de-pena. O leitor sabe o que é? Eu diria que a forma mais inocente de apresentar genitais é com um desenho a bico-de-pena. Em preto-e-branco — a coisa mais discreta do mundo. A orientadora, ao pegar o desenho, me disse: "Gaiarsa! Você acha que eu vou mostrar isso para a garotada?" Eu disse para mim: "Nossa! Educação sexual... aqui também não tem xoxota! Então ela vai falar o quê!?" Bem, na hora da aula, havia slides. "Agora vamos ver os genitais femininos." Sabe o que mostraram para ilustrar os "genitais femininos"? Um *slide* colorido, mal fotografado, com cores muito carregadas, de uma gata, pregada numa tábua, aberta e com dois fios puxando as trompas de Falópio. Vejam vocês: uma escola de vanguarda tentando fazer educação sexual. Era uma figura meio horripilante, como o leitor pode imaginar. É o que se faz numa autópsia: abrir o tronco de cima a baixo. E havia dois fiozinhos, e não mostrava os genitais, as únicas coisas que as crianças estavam interessadas em ver. Elas não estão nem um pouco interessadas nas trompas de Falópio.

Mesmo assim, as aulas não eram das piores. A professora, inclusive, parecia ter uma vida sexual razoável (é a primeira condição que eu imporia a um curso desses: que a professora goste).

No terceiro dia, não havia aula propriamente dita. As crianças podiam perguntar o que quisessem. Vinte segundos depois de dito isso, um rapazinho (faixa etária do grupo: de 9 a 14 anos) entregou uma folha inteira com o seguinte, escrito em letras grandes: "Onde é que eu acho uma mulher?"

As crianças não querem conversa, querem experiência. Têm todo o direito de ter experiências. E ninguém nasce com este ou aquele órgão porque quis. A gente nasce porque nasce, e tenho de descobrir o que fazer com ele. Ninguém me diz, e tudo o que dizem é ruim.

De novo, o que é que professores podem fazer a respeito? Como já dissemos, uma primeira tentativa seria a aula. Vira e mexe se tenta, quem sabe aos poucos se consiga, não vou me deter mais nisso.

Outra coisa é carinho, afeição e contato. No livro *Tocar*, temos 400 páginas (com a maior bibliografia que vi até hoje) escritas por um sujeito extremamente simpático e amoroso — mesmo sendo um cientista de primeira linha — sobre a influência profunda do contato, da envolvência, da intimidade, da pele na pele.

O PROGRAMA NÃO FALA DE PELE, CONTATO, TOQUE

O livro não fala nada de sexo, vejam bem. Envolvência, carinho, carícia: *Tocar* mostra em milhares de *experiências,* e não idéias, o quanto, em se tendo isso, se tem saúde; e o quanto, em não se tendo, se tem doença. Experiências com animais, com gente, com primitivos. E doença que começa psíquica e acaba física. Contato é fundamental para todos nós, não só para crianças e adolescentes. Todo mundo precisa de duas horas de carinho por dia. Por que duas horas? Vou dizer por quê.

Uma hipótese bem lançada, tanto por antropólogos como por biólogos, é que o nosso costume de carícias (a história dos macaquinhos com mães de veludo e de leite, separadas, lembram-se?) e de precisar de contato teve como predecessor o fato de os macacos catarem insetos uns dos outros. Vendo documentários sobre macacos, é realmente espantoso. Um meio que no colo do outro, este catando bichinhos e comendo, e aquele numa boa. Quando um deles quer agradar a alguém do bando, vai catar esse alguém. É o modo de conseguir simpatia (aliás, os chimpanzés fazem alianças, fazem grupos, amigos e inimigos, guerra até; há documentação de guerra de chimpanzés). Os chimpanzés são extremamente promíscuos e aproveitam o erótico e o contato de uma forma que para nós seria um escândalo. Sabe quanto tempo por dia os macacos se fazem agrados? De duas a três horas, isso mesmo. É por isso que acho o mesmo necessário para nós. Os macacos não são nossos pais não. São nossos colaterais. Mas é evidente que temos muitas semelhanças.

Para reforçar essa história, vou deixar vocês morrendo de inveja. No meu quarto e último casamento, ficávamos — por ela, por mim, por gosto — seguindo mestra Rita Lee. "Nada melhor que do que deitar e rolar com você." Ficar com o outro mexendo, fuçando, acariciando, brincando, até falando! Nada melhor no mundo, todo mundo sabe disso e todos se sentem obrigados a pôr uma cara de "que horror" quando diante do fato — em público! Já quando ninguém está olhando, abro um sorriso "assim". Somos muito transparentes todos nós!

O fato é que eu e minha mulher ficávamos (antes que eu soubesse da história dos macacos) nos acariciando de uma a três horas por dia, durante muitos anos (aproveitávamos que ela, na ocasião, não tinha muito o que fazer e eu já tinha alguma folga). Durante esse período, passamos por mudanças de personalidade espantosas. A gente amansa, abranda, amolece. A gente fica gostoso. Por fora e por dentro.

Não é de estranhar. O tato é o primeiro dos sentidos de realidade. O primeiro que apareceu nas espécies vivas. Claro, o bichinho que está andando tem de saber onde encosta. Quando encontro uma coisa, sinto: há ali uma coisa que não sou eu. Tato. Se a coisa resiste, também o músculo reconhece que aquilo não vai com a minha vontade. É o primeiro dos sentidos, vejam bem. Está no fundo do cérebro. É o maior dado possível de realidade. Se não encontro nada a minha volta, como a maioria não encontra, eu fico... vazio. Se sou maltratado desde que nasci, pelo obstetra, minha pele dirá que o mundo é horroroso e cheio de pontas, que devo me encolher. Quase todo mundo vive encolhido, de um jeito ou de outro.

Mas, se encontro muitas vezes uma superfície macia e quentinha, viva e sensível, lá no fundo de mim uma coisa começa a avançar para a pele, dizendo que o mundo é maravilhoso, é ótimo e tem coisas deliciosas. E assim vou entrando em contato amoroso com o mundo — não só com a pessoa a meu lado. E relaxando. E me desarmando.

Se alguém conhece, saberá que é exatamente o que diz o Tantra hindu ioga da sexualidade. Tem sorte quem tem essa envolvência carinhosa muito freqüente e de boa qualidade. E isso é muito importante compreender: altamente consciente.

Digo o seguinte: ainda há famílias que conservam, principalmente com crianças menores, alguns hábitos carinhosos. Existem, mas uma coisa é acariciar estando presente ao contato, outra é fazer um agradinho automático ou distraído, pensando em outra coisa. Um exemplo simplório: depois que passei a aparecer na televisão, após alguma palestra, com freqüência se achega uma senhora ou uma moça. Pede para me abraçar. Deixo, pois adoro abraçar. Já abraçada, dispara: "Ah, que maravilha! Nunca pensei que pudesse abraçar o Gaiarsa na minha vida! Ah, que coisa espantosa!"

Essa pessoa não está me abraçando. Quem abraça, chega... e abraça — *em silêncio*! Esta abraça, aquela não. Família, quando ainda tem hábitos carinhosos, os tem quase sempre meio automáticos. Faz por costume; quando alguém chega dá beijinhos, mexe um pouquinho aqui, um pouquinho lá. Mas não está muito presente à carícia.

A carícia tem seu valor de remédio universal quando feita com plena consciência. Quando é um contato vivo, não um contato formal. Ela transfere ou transmite energia, faz-se uma troca; dois seres vivos em contato se dão vida reciprocamente. Mas, se estou distraído, essa troca não ocorre.

É muito comum, por exemplo, a mãe de um adolescente abraçar o marmanjão negando de corpo, de sensação e de pecepção que ele tem um pinto, e ela, uma xoxota. Abraço desencostado — em baixo. Pai e filha é pior ainda. O pai abraça um brotinho — até há pouco ela era uma menina e ele sabia entrar numa brincadeira de corpo numa boa. Quando sente pela primeira vez estar abraçando um corpinho de mulher leva um susto, e nove de cada dez pais se afastam definitivamente do brotinho.

EM SUMA: O PROGRAMA NÃO CUIDA DE NADA IMPORTANTE...

De novo, o que se pode fazer sobre isso na escola? Pode-se um pouco mais do que parece. Tenho um estudo de uma professora muito simpática (um esboço de estudo, mas já com experiência concreta) que assumiu um grupo de alunos muito bagunceiros. Ela se defendeu como pôde no começo. Depois, quando, por exemplo, passava um texto qualquer para redigir, ia passeando pela classe. Chegava perto de um aluno e punha a mão em seu ombro enquanto lia o que era escrito. Só isso. Após outro pequeno passeio, aproximava-se de outro aluno e sentava-se a seu lado, encostando um pouco nele. Pequenos gestos de contato, perfeitamente viáveis, possíveis e cabíveis, principalmente de adulto para criança. Meninas e meninos são bonitinhos, engraçadinhos, gostosinhos. Não custa nada ir fazendo esses gestos soltos e leves. A professora foi descrevendo uma evolução fantástica na classe. Em seis meses eles se tornaram outra coisa. Só porque a professora chegava mais perto. Só. Isso se pode fazer e seria muito bom se os professores fizessem. Bom também para os professores. Porque todo mundo é carente. Entendem? Todo mundo.

Existem conversas assim: "Aquela ali vai agradar aos alunos dela porque é carente". Responda: "Sou mesmo, e quando posso supro minha carência. Tento satisfazê-la e realizá-la na medida do possível. Quanto à criançada, ela é muito bonita, muito viva e engraçadinha". Se você adquirir esse costume, poderá se sentir muito feliz com a criançada chegando um pouco mais perto. Feliz de pele, que é uma coisa bem diferente de feliz de olho (ou de orelha). Há muita felicidade no mundo, graças a Deus — o problema é perceber onde ela está e permitir-se desfrutá-la. O mais estranho: ela está *sempre* bem perto. "Ame o próximo como a ti mesmo", dizia Ele.

Ouvi de algumas professoras que no pré-primário há muito de contato, abraços, beijocas, brinquedo, cantoria. Mas, quando as crianças passam para o primário, tudo isso cessa bruscamente. É o cúmulo. Isso não se faz, simplesmente. Temos aí uma reedição da maternidade (hospital) — lembram-se? É cruel. Mas pode ser pior.

Professores, do primário para cima, muitas vezes, muitos deles, assumem ares de que essas coisas de proximidade e carinho não têm cabimento numa escola — ou são imorais! Certamente são pessoas muito inibidas, antes de mais nada. Mas, do ponto de vista do aprendizado propriamente dito, o mais importante, óbvio e fundamental da educação é que a criança esteja interessada e o professor esteja interessado! *Quando ninguém está interessado, não acontece nada.* Se o professor está entediado e a criançada está lá por obrigação, estão todos perdendo tempo e mais nada. No entanto, achar motivação para crianças não é muito fácil — reconheçamos o fato. Talvez a escola devesse ser como uma loja de brinquedos! Os computadores pedagógicos estão chegando perto disso. Diante dessa dificuldade de comunicação e diversidade de interesses, um meio fundamental de ligação entre gerações — na escola e na família: se entre adulto e crianças existir um clima carinhoso, atento e prazenteiro, elas acompanharão o professor até na gramática ou nos números romanos.

A MANEIRA UNIVERSAL DE ESTIMULAR A MOTIVAÇÃO INFANTIL É CRIAR LAÇOS AFETIVOS E AMOROSOS

Uma criança que se sente bem-vista e bem-querida realmente vai até o inferno com você. E vice-versa, se não existe esse laço, a criança se tornará um burro chucro e teimoso, que você não leva a lugar nenhum; mas ela leva você ao desespero. A professora carinhosa, se não estiver feliz na quarta ou quinta série, peça transferência para o pré-primário. E expanda sua competência amorosa onde ela é aceita, em vez de se conter novamente. Repito: isso é muito importante para mães e professoras.

Quando existe um ambiente com estas duas condições, amor e atenção individualizada de boa qualidade, as crianças farão coisas surpreendentes. Não havendo amor nem interesse, não sei se conseguiremos levá-las a algum lugar que não seja o tédio, o aborrecimento, os tóxicos, a inquietação e o desespero...

Almoçando uma vez com professoras, fiz uma pergunta referente às avaliações. Perguntei-lhes se, no início do ano, já haviam pensado em fazer uma lista com perguntas e questões relativas ao ano anterior para ver o que "sobrou" dele? A resposta foi um silêncio mortal. *Após um ano de "trabalho", as crianças não lembram nem 5% do que tentaram pôr nas suas cabecinhas.* Todos nós temos a experiência de quinze anos de estudo até a faculdade. Eu não sei quanto sobra desses quinze anos. O rendimento efetivo do ensino é ridículo. O tempo que idealmente se dedica na verdade se perde, porque não fica nada na cabeça de ninguém.

Em 2 milhões de anos de vida pré-histórica e 10 000 anos de vida dita civilizada, a humanidade não mudou um centésimo do que mudou neste século. Temos uma humanidade inteiramente nova e desconhecida, da qual crianças são a primeira onda. O que elas vêem em um dia de televisão, por mais tolo e vazio que seja o programa, vale por um mês de aula. E elas guardam muito mais o que viram na televisão do que o que ouviram na aula.

MESTRE É QUEM SABE APRENDER

Não está mais no tempo de guardar coisas, está no tempo de aprender a lidar com coisas. Para encurtar: bom mestre é igual ao bom aluno — é aquele que sabe aprender. E não aquele que sabe ensinar a própria sapiência, lá do alto. Este último é um repetidor, freqüentemente de segunda classe, porque um disco ou um livro quase sempre são muito melhores. Eu não sei por que se fala tanto sobre transferência de conteúdo na escola — da cabeça do professor para a cabeça do aluno. Hoje em dia há livros maravilhosos, revistas com artigos incríveis e esta bendita enciclopédia de computador. Com ela se leva uma biblioteca no bolso. Se posso levar no bolso, por que vou querer ou imaginar que consigo levar na cabeça?

Além disso, temos hoje uma soma colossal de informações sobre o mundo. Todas as ciências se expandiram muito em meio século, mas muito mais do que em toda a História anterior. Há cinqüenta anos eu estava na faculdade de Medicina. Se hoje pego um livro da área, tenho sérias dificuldades em entendê-lo. Sou um moço empenhado, razoavelmente inteligente, bastante lido, atualizei-me até onde pude. Mesmo assim, se pego um livro de Medicina de última geração, não sei muito bem do que ele está falando. Hoje sabe-se 10 000 vezes mais do que aprendi na escola. Isso num período de cinqüenta anos.

A função da escola é ensinar a pessoa a aprender. E não ensinar coisas, coisas e mais coisas, que entram por aqui e saem por lá. Fui um bom estudante e fazia o seguinte: nas disciplinas que não me interessavam, na faculdade, durante um semestre resumia o livro adotado a um caderno. Na véspera da prova, reduzia o caderno a quatro fichas de cola. A essa altura já sabia o assunto. Fazia a prova, pegava as quatro fichas, o caderno e o livro e jogava no lixo. Não queria saber daquilo nunca mais, pois era obrigado a estudar algo de que não gostava, não era para mim. Aquela história que todos sabemos.

A ESCOLA SOFRE DE TANTOS PRECONCEITOS QUANTO A FAMÍLIA

Então é preciso rediscutir muito a questão do conteúdo. O peso da escola é este. "Tenho de ensinar, tenho um programa, tenho uma enciclopédia para passar da minha cabeça para as cabecinhas deles... "Isso é um peso para todos, uma coisa muito ruim para o professor e para o aluno. Não sei por que se continua a fazer tudo isso. É uma perda de tempo, e mais nada. O único ano em que aprendi algo na vida foi no curso de preparação para a faculdade. Neste único ano aprendi mais do que nos quinze anteriores. Falando em aproveitar conteúdo, aquilo sim foi um exemplo. Em um ano mais do que nos quinze anteriores... até que de tudo isso alguma coisa ficou. Se em um ano aprendo tudo isso, para que preciso perder tempo desse jeito "estudando" quinze? Por que não se pensa muito mais numa reeducação global do que em encher a cabeça de noções? Noções pouco ligadas à pessoa. São preconceitos tão ridículos como os que critico na família. A escola tem preconceitos iguaizinhos, calosos, grossos, inúteis. Uma tortura para o professor e para o aluno — não só para o aluno. Tudo isso poderia ser minimizado. Se você convive com o aluno no recreio, se brinca, se canta, você fez uma avaliação muito melhor dele do que na bendita prova, no exame ou o que seja. Se é que é preciso julgar. Todos vivemos julgando todos, mas dizemos que não se deve. Tenho certo orgulho e gosto de dizer que há muito tempo não faço mais diagnósticos como médico. Não quero saber que doença a pessoa tem, quero saber quem ela é. Não vou isolar sintomas para poder dar um carimbo. Quero vê-la tão inteira quanto possível. É uma grande lição de mestre Jung: a individualidade. Importante é uma atenção de boa qualidade, voltada para esta pessoa e sem julgá-la. "Quero te conhecer, fala. O que tiver a dizer, também direi."

As pessoas insistem em perguntar "como se faz" ou "o que é certo", "o que é natural". Nada mais tirânico do que regras categóricas de comportamento, porque nada mais específico do homem do que a individualidade. E não me refiro só à individualidade da criança, deixem-me sublinhar. *Mas sim à individualidade da relação desta professora com esta criança. Enfim, além da individualidade dos dois, é preciso considerar a individualidade do momento...* Além disso, diante dessas perguntas já conhecidas com o apelido de receitas, posso dizer que, se começar a pesar demais para a mãe ou a professora, algo precisa ser feito. Elas, o filho e os alunos têm os mesmos direitos. A atenção forçada é o pior veneno do mundo. Veja bem: veneno. Mãe ou professora que estão aí e fazem porque têm de fazer, porque é assim, porque é obrigação... isto é veneno. É melhor dizer para a criança: "Vá procurar outra pessoa porque eu estou te envenenando neste momento". Compreenda, leitor! Claro que numa outra hora posso me interessar; ninguém muda de sentimento de repente e definitivamente. Isso pode ser tomado como regra: não faça para a criança aquilo que você faz com muita contrariedade. Vale para as mães, vale para os professores. Em nada ajuda isso, a não ser para a criança desenvolver hábitos tirânicos de controle e de poder, que são péssimos. *Como ela não encontra aquilo de que precisa — uma atenção verdadeira —, ela passa a usar seus "direitos" (de filho, de aluno), a exigir.* Estarão fazendo uma troca da pior qualidade possível. É a velha história: se estou por gosto, é ótimo para os dois. Se está ruim para mim e estou forçado, preciso dar um jeito nisso. Não vou fazer coisas ou jogar bola com meu filho porque fui trabalhar e fiquei ausente de casa. Quando volto, estou "por aqui" e quero ficar sozinho.

    Certa vez jantei com um casal cuja mulher era até difícil, mas tinha uma qualidade genial, que conto aqui.

Esse casal tem um garotinho que é uma graça, muito vivo e inteligente; a mulher trabalha e tem várias atividades. A mãe estabeleceu com o filho o seguinte: às vezes estão brincado e ela diz: "Tempo! Agora quero ficar comigo porque tenho de pensar" (a frase pode ser qualquer outra — não é ela que faz a mágica). Depois que ela disse isso uma dúzia de vezes, ele pegou. De vez em quando ele chega para pedir qualquer coisa e a mãe só precisa dizer isso para que ele espere. *Mas ele tem o mesmo direito de "pensar" quando a mamãe aparece com exigência fora de hora.* Acho isso um costume genial para desenvolver em casa, para a mãe ter suas horas e a criança também, sem ninguém falando na minha orelha. Podia ser "agora quero ficar sozinho" ou "agora não quero ficar com você, senão vamos arrumar uma guerra". E arruma-se mesmo.

AMOR, AMOR, QUANTO Ó — BRIGAS

Dois terços das brigas domésticas — e de namoro — ocorrem porque na hora não era para estar com quem se está. Estou me fazendo entender? Ninguém está interessado no outro 24 horas por dia, todos os dias da semana, todas as semanas do mês, todos os meses do ano, todos os anos da vida. Nem a mãe mais louca das loucas vai ficar amando o filho 24 horas por dia com tal calor e entusiasmo. Não existe isso em lugar nenhum. Nós somos flutuantes, variáveis. A instabilidade emocional é a mais alta expressão da saúde e da liberdade, não da doença. Emoções não têm nada de estáveis. Agora estou encantado, daqui a dez minutos começo a cansar, daqui a quinze chega, quero outra coisa. Eu quero, ele quer. É bom ir treinando isso: quando quero outra coisa, vou fazer outra coisa. Só que em família tem-se de ficar junto. Começamos a nos envenenar. "Ah, mãe, vou para a rua!" "Para a rua não, é muito perigoso." "Então me agüente." E vão se aborrecer os dois. Lá na rua talvez acontecesse ou houvesse um perigo. Aqui, com certeza, vai ficar uma coisa muito ruim. Lá, é possível (com azar). Aqui, é com certeza muito ruim, se eu me obrigo e obrigo você. Nem você faz o que quer, nem eu faço o que quero, e ficamos os dois nos aborrecendo.

"Mas não pode! São Paulo é perigosa." Então fiquem aí, se massacrem, se xinguem e se machuquem o tempo inteiro. Este perigo ninguém percebe. E nem é perigo, é uma desgraça que está acontecendo. Não é uma possibilidade. "Não, temos de ficar juntos, temos de ficar aqui fechados, porque senão eu fico muito ansiosa. Para eu não ficar ansiosa, você fica aqui" (e nos enchemos o saco, nós dois). Bons hábitos, os familiares...

Isso é muito ruim. Já estou cansado de falar mal da família, mas ela é realmente horrorosa (nos termos que estou pondo aqui).

Alguém fez a seguinte pergunta: "Como dizer, em aula de orientação sexual, como é que acontece o ato (que é o que as crianças querem saber) sem cair na libertinagem nem na frustração dos preconceitos?" Perguntei a idade dos alunos. Reposta: mais ou menos 12 anos. Solução para a professora: olhar para o aluno(a), rir e dizer: "Conte-me você. Aposto que sabe muito bem". Um aluno ou aluna desta idade que pergunta sobre o ato sexual provavelmente está puxando a professora pelo pé. Diga: "Você já não cansou de ver no cinema? Nunca viu filme pornográfico?" Metade dos vídeos é pornográfica (e as crianças já viram muitas vezes). Dê uma risadinha e dispare: "Quer me enganar que você não sabe?"

Crianças são muito malandras. Onde percebem que o adulto hesita, penduram e se divertem. Gozam de você na cara. "Essa chata que me ensina álgebra! Vou fazer ela perder o jeito." E para ela: "Professora, como é sexo, hein?" A professora fica vermelha e a criança se esbalda.

Houve também quem perguntasse: "Se a professora dá afeto para o aluno, ela não estará tornando a escola mais paternalista e assumindo o que a família não dá para a criança?"

Primeiro, não confunda uma escola amorosa com uma escola paternalista. Esta se refere a discriminação, protecionismo, concessão de vantagens. É bem a noção que temos de amor — de um péssimo amor.

Assumir é uma coisa, dar é outra. Não vejo mal nenhum em dar a uma criança aquilo de que ela precisa, se dou de bom gosto, se a criança me agrada e me interessa. Não vejo nenhuma interferência, e feliz da criança que, não tendo afeto em um lugar, tem em outro. Nós renunciamos à felicidade afetiva e sensual com uma facilidade nojenta, em português claro. Achamos todos os pretextos do mundo para *não fazer* nada do que todos desejam. Depois choramos porque somos infelizes, incompreendidos, porque não temos o que queremos. Não hesite em dar afeição, simpatia e amor para a criança. Se a mãe vier brigar, deixe brigar. É difícil que venha. Há mães que não dão atenção à criança, mas sentem ciúme quando um filho começa a se interessar pela professora — eu sei, mas, se ela não tirar o filho da escola nem vier aborrecer duas vezes por semana, vamos ignorá-la.

Também me perguntam se tenho filhos, como é meu relacionamento com eles e se as coisas que falo são baseadas na convivência diária com crianças. Não tenho convivência diária com crianças.

Sou um familiar relapso, pouco presente — hoje — a filhos e netos. Em parte por me preocupar e ocupar bem pouco com o passado. Estou quase sempre empenhado no que estou fazendo agora, nos meus projetos atuais, no meu último livro. É que não me empenho na venda deles,. Tenho televisão ao meu alcance e poderia falar de meus livros todos os dias, mas falo apenas uma vez por mês. Para mim já acabaram. Estou interessado no que estou escrevendo agora. Isso é muito meu, e vale para a família e para meus netos.

Tenho, neste momento, cinco netos e meio (esse meio é um que está a caminho). Não os vejo mais do que duas vezes por ano. Tenho três filhos vivos, e também não os vejo mais do que duas vezes por ano. A relação é cordial, agradável, trocamos telefonemas uma ou outra vez, mas raramente. Digamos que a relação é amistosa, mas, diante da expectativa comum, estamos muito distantes. Esses pressupostos começam a responder à pergunta. Dos quatro filhos que tive (três vivos, como disse), todos são marmanjos e casados. O "menor" tem 40 anos, eu tenho 74. Quando nos encontramos, nos abraçamos com muito gosto e com amor.

Com meus filhos, na infância, não fiz muito bonito, não. Naquele tempo eu não tinha a desinibição que tenho hoje. Sou do tempo da novela *Éramos seis*. Quando me formei, tinha uma casca assim de preconceito, como todo mundo. Mas a proximidade com meus filhos era uma coisa boa. Um pequeno exemplo: quase toda noite eu me deitava um pouco ao lado deles, um pouco para um papo, um pouco para agradá-los. Fazia isso e era gostoso. Mas já naquele tempo eu me questionava. Quando vinha acariciando um dos garotos, as costas eram gostosas, o peitinho também e até o bumbum. Mas, quando chegava "lá", eu desviava a mão. Ou seja, não tem pinto. Eu achava isso ruim, mas não conseguia fazer de outro jeito. Hoje talvez eu soubesse fazer melhor com uma criança. Naquele tempo eu não sabia — ou não conseguia.

Com os filhos de minha mulher — são três, duas mocinhas e um rapaz, com 20, 18 e 17 anos — é assim: entre mim e as duas meninas existe uma paixão descabelada.

Nos abraçamos com muito gosto, sensualidade e prazer, e nos beijamos deliciosamente. Somos ótimos amigos. Já disse a uma delas o quanto fico feliz quando combinamos de nos encontrar, porque me sinto com 15 anos esperando a namorada. É uma delícia. Moro sozinho — não com a minha mulher —, e vivo bem assim. De vez em quando elas vêm me visitar e ficamos duas ou três horas juntos. É o maior namoro do mundo, uma gostosura. Com o rapagão eu também fazia assim, mas fui me distanciando aos poucos, por outros motivos. Ele é um belo moço, mas não se interessa por nada na vida. E eu não consigo conviver com gente sem interesses. Se não tem um pouco de entusiasmo, eu não sei, não quero e não faço questão de conviver. Já disse a ele; não fiquei insistindo, mas disse isso duas ou três vezes muito claramente.

PRIMEIRA PALESTRA EM NOVO HAMBURGO

Hoje em dia, com uma certa proteção social dada pela minha idade, trato com familiaridade muita gente próxima. Amigos, conhecidos. Facilmente sento junto, mantenho contato e trocamos agrados.

Gosto muito de educação e desta cidade. Da outra vez fui bem recebido e aceito, não só como personagem social mas também como pessoa muito querida.

Em cinco minutos acabaram com um bom número de livros meus. Também gosto disso. Um tostãozinho por causa do tostão. E muito mais porque, afinal, quem escreve espera ser lido — espera exerçam seus livros alguma influência no mundo. E eu escrevo o que escrevo com bastante convicção.

Acabei na educação. Era irremediável, eu tinha de acabar pensando em educação. O psicoterapeuta — fui isso durante meio século — é quem recebe todo impacto da *falta de educação* das pessoas, como é fácil imaginar. Nunca cuidei propriamente de doentes mentais graves, desses que são internados e fazem terapias medicamentosas pesadas. Trabalhei em sanatório no começo da profissão para sobreviver, mas três a quatro anos depois de formado já atendia pessoas no consultório — e só aí.

Tento bem mais minorar um pouco a infelicidade humana do que curar "doenças mentais". Quase toda infelicidade humana provém de erros de educação, que começam na família, continuam na escola e se alimentam de preconceitos. Porque nossa sociedade, como todo mundo sabe, sofre, deveras, de carências, exageros e deficiências ruins. É difícil viver — em suma.

Por isso tenho à minha frente escolha bem ampla de assuntos.

Escolhi continuar terapeuta: quero ver se consigo diminuir o sentimento de culpa do professor.

O(A) PROFESSOR(A) E A MÃE

Ainda que não pareça, o professor é muito parecido com a mãe, sofre de uma soma espantosa de obrigações. Parte do princípio de que ele sabe — ele é professor, não é? —, então ele sabe. E as crianças, coitadinhas, não sabem nada, são tão ignorantes! Como faço para pôr na cabecinha delas todos os meus conhecimentos? Esse esquema é ingênuo, para dizer pouco. Vamos tentar examiná-lo de vários ângulos, começando por fora.

Primeiro: o que a escola pode dar para o aluno em matéria de conteúdo, de conhecimento a ser sabido, na verdade, "guardado na cabeça"? Nomes, datas, lugares, países, climas, regiões, equações, gramática.

Quantas coisas a gente pode pôr na cabeça de uma criança? Muito poucas. Depois dos primeiros dez anos de estudo, creio não ter guardado nem 5% do que pretendiam me ensinar. Nem 5%, minha gente. Isso quer dizer: em vez de dez anos de estudo, eu poderia ter aprendido tudo em seis meses. Nove anos e meio foram uma perda de tempo. Esse contraste ficou muito mais vivo para mim, quando confrontei esses dez anos com o único ano da vida em que estudei de verdade. Todo mundo sabe: é o ano dos cursinhos, nos quais você se prepara para uma universidade. Neste ano eu aprendi mais do que nos quinze anos anteriores — com toda a certeza. Porque eu precisava. Porque eu queria entrar na faculdade.

A LIÇÃO DE MINHA HISTÓRIA

É também por outra razão, novelesca, cujo relato me apraz, além de tocar em um ponto fundamental da educação. Ademais, é um dever de gratidão minha para com os professores deste curso de preparação para a faculdade.

Fui um aluno mais do que precário no primário e no ginásio. Fui passando aos empurrões e tropeções, com repetição, dependências (não sei se ainda existem), segunda época de montão, professores particulares. Eu estava no ginásio do Estado de São Paulo — famoso! —, e naquele tempo os professores catedráticos não podiam ser demitidos. Onde estudei, sessenta anos atrás, era uma casa de esquisitões — para falar pouco. E eu sobrava lá dentro. Não sabia o que ia fazer naquele casarão todo santo dia — sentar e escutar aqueles homens falando um monte de coisas que me deixavam perplexo, confuso e sem saber o que queriam de mim. Ao terminar o ginásio — assim, empurrado —, se eu tivesse naquela ocasião a liberdade que tive depois, teria dito para meu pai: "Olha, eu não quero mais estudar, não dou para essa história, não sei o que faço na escola, não sei o que querem me ensinar: quero fazer outra coisa!" Não que meu pai fosse severo — se eu tivesse dito isso ele até concordaria —, mas simplesmente não me ocorria. Como meus irmãos já estavam na faculdade de Medicina, embarquei no trem e comecei a freqüentar um cursinho preparatório. Louvado seja Deus! De início, éramos oito alunos e quatro professores (no fim do ano, 23 alunos). A partir do segundo mês eu era o primeiro aluno da turma, entrei na escola em primeiro lugar e atravessei a faculdade de Medicina inteirinha como primeiro aluno. Portanto, o erro não era meu! Está claro?

O ginásio era uma droga completa. Avaliado por ele, eu seria tido seguramente como débil mental. Ficou muito funda essa noção em mim, e vocês sabem que ainda hoje o principal da atividade pedagógica está no empenho e na dedicação dos interessados.

Dos dois: aluno e professor.

Até generalizo. Hoje tenho em minha área uma cultura bastante ampla: nunca me satisfiz com uma posição só, li uma porção de autores por alto, estudei vários bem a fundo, assisti a dezenas de seminários, reuniões, cursos, fiz terapia (como paciente) de uma porção de gente que vinha do exterior. Aos poucos estou filtrando dessa massa de experiência e conhecimento a seguinte noção — que passo a vocês como minha última convicção profissional. Tem tudo a ver com educação:

O QUE FAZ MILAGRES É A ATENÇÃO INDIVIDUAL

Sem essa atenção individual, pode-se usar toda a tecnologia de computador que o indivíduo até pode deixar de ser ignorante — em certa medida —, mas continua tão desumano como quando começou.

A atenção individual é importante não somente para o aprendizado como também para a saúde e a cura. Quero lembrar, por alto: hoje em dia há estudos bonitos na Medicina — não a comum, a tecnológica, não a gangue de branco, não o hospital que parece um necrotério. Em algumas áreas vêm sendo escrito livros mostrando: se o médico acredita no remédio, o remédio cura. E, se o médico não acredita no remédio, o remédio não cura. Isso mostra cada vez mais que nós precisamos de atenção de alguém, de alguns, de muitos. É a atenção individual, e só ela, a força capaz de criar, curar, animar, transformar individualizar.

PAREIDOLIAS (!)

Vamos ver se consigo mostrar isso para vocês. Vamos começar na Renascença, com seu homem mais famoso: Leonardo da Vinci. Ele descreveu um fato depois reassumido pela psicologia em outros termos. Deu ao fato um nome curioso: pareidolia. Alguém conhece essa palavra? Acho que não. "Ao lado da forma"— traduzindo do grego.

Todos nós sabemos do fato.

Digamos: estão deitados na cama, há pouca luz e vocês vêem uma certa mancha na parede. Se ficarem olhando atentamente para ela, *ao cabo de quarenta ou cinqüenta segundos* acontece uma de duas coisas. Ou vocês apagam, entram em transe — porque ficar olhando para um objeto sem interesse é uma excelente maneira de pegar no sono; ou então vocês começam a dizer: "Veja que engraçado, parece fungo. Não, parece mais uma folha de arruda. Não, acho que parece mais um peixinho". Isso é todo o fundamento do teste de Rorschach. E é toda a brincadeira antiga das nuvens, que parecem um floco, um carneirinho, um sorvete...

ONDE APLICAMOS A ATENÇÃO COMEÇA A CRIAÇÃO DE ALGUMA COISA

Onde a atenção se concentra aí começam a germinar e a serem criadas variações, como se o olhar fosse o que o sol é para a planta. Se tem sol, a planta se desenvolve, se não tem, ela morre.

> A atenção de alguém é realmente o sol que dá vida e produz transformações nas pessoas. Melhor ainda se a atenção é recíproca, *porque aí entramos numa dança de criação conjunta — para mim um dos sonhos da educação e da vida.*

Então, não tem conversa: se não há interesse vivo das duas partes, não há troca de influência, não há transmissão de conhecimento, não está acontecendo nada. Tem um camarada falando sozinho e outro pensando em outra coisa. Está claro? O professor está falando sozinho e os alunos estão pensando: "Aquela pipa, logo que eu sair daqui vou fazer", "preciso me encontrar com aquela menina..." O professor: "Blá, blá, blá, blá..." e aqui ninguém está ouvindo o que ele está falando.

Conquistar o interesse do educando não é luxo. Ou se conquista esse interesse, ou não há ensino. Vamos sublinhar muito, muito, muito isso aqui. E, repito, trata-se de interesse recíproco — dos dois.

> **Qualquer conversa em que os dois estejam vivamente interessados é terapêutica, favorece o desenvolvimento pessoal, faz bem e, do lado pedagógico, contribui muito para o desenvolvimento dos dois. Dos dois, dos dois, dos dois! Vamos bater bem o pé nisso e vamos ampliar essa história.**

Então, primeiro dado de terapia e além dela: quase todas as técnicas orientais de desenvolvimento de personalidade e de meditação, em termos muito gerais, convergem num ponto — ampliar a capacidade de se concentrar. Quanto mais concentrado, mais criativo. E quando você alcança o limite de concentração começa a perceber que você e o Universo são criação contínua. Não existem *coisas* — só existem *acontecimentos*.

Aliás, passando lá de cima cá para baixo — principalmente para "baixinhos" —, gosto muito de citar altas verdades e trazê-las para o chão. Não para depreciá-las, mas para torná-las mais úteis.

CRIAÇÃO CONTÍNUA — UMA CRIANÇA DE 3 ANOS

Se alguém quer saber o significado de "criação contínua", da qual nos falam todos os iluminados, acompanhe uma criança de 3 anos de idade durante duas horas. Vocês vão perceber concretamente o que é criação contínua. É inacreditável o que uma criança de 3 aninhos inventa em duas horas — se não estiver sendo sufocada. Vá atrás com jeito e não diga "não", pelo amor de Deus, não comece a "ensiná-la". Deixe-a por conta própria, vá atrás só para ver. É incrível o que ela vai inventando, fazendo, perguntando, brincando, falando, rindo, dançando, cantando. Não acaba mais. Daí a pouco começam os "nãos", *porque a maioria dos adultos não agüenta a criatividade de uma criança*. Não agüenta. "Que bobagem que você disse! Imagina, menino!" Comecem a levar a sério a criança de 3 anos, lembrando: seu dizer não tem o mesmo sentido que teria para um adulto. Ela usa a linguagem do seu jeito, no seu dialeto — podemos dizer. O sentido dado a cada palavra é pouco parecido com o sentido que você dá à mesma palavra. A criança está desenvolvendo uma linguagem de muitos modos própria, que aos poucos irá se socializando, tornando-se mais comum. Sabe-se que a criança inventa palavras, entorta palavras: mesmo que você a corrija, algumas ela prefere manter tortinhas — para ela soa melhor..

Aí temos um pequeno preâmbulo do lado básico da educação e deixem-me fechar um pensamento deixado no ar lá atrás. Havíamos dito que em quase quinze anos de estudo, até entrar na faculdade, o sabido e guardado por mim não passava de 3% ou 4% de tudo o que haviam pretendido me ensinar. Como se pode perder tempo dessa maneira? Então, como se pode aprender?

GUARDAR CONTEÚDOS — UMA TORTURA INÚTIL

Em primeiro lugar: hoje multiplicaram-se os livros, com uma variedade infinita até de formatos. Há livros de informação monumentais. Você pode encontrar neles tudo o que quiser. Então, primeira obrigação da escola: preparar-me *para encontrar* o que quero saber — nos livros, na biblioteca. Se quero estudar um assunto, como faço para chegar até um livro, até um autor, a alguém que entenda disso e com quem eu possa aprender?

Segundo: os computadores mesmo. A Editora Abril — isso não é promoção, hein! — está lançando, nas bancas de jornal, a sua enciclopédia. É um CD-ROM! Se você tiver o CD acoplado a um computador, tem naquele disquinho o almanaque da Abril, com milhares de informações sobre todos os países — bandeiras, hinos, costumes, trajes, geografia, clima —, tudo o que quiser está lá. E, se eu quiser pôr na cabeça, vou ficar dez anos martelando, para não guardar nem 10% do que estudei. Então, não tem cabimento querer entuchar conteúdo na cabeça da criança; precisa ser de outro modo. Guardar conteúdo é uma perda de tempo completa e, além disso, o "ter de guardar" é uma tortura.

Há pouco, folheando uma revista americana, vi que estão se multiplicando os anúncios de óculos, que, instalados, lampejam luz e vêm com um auricular, induzindo a entrar em técnicas de aprendizado acelerado. Você deita, relaxa meia hora e sai falando francês.

Estou exagerando, mas não muito.

Não digo que em meia hora eu vá aprender francês, mas garanto para vocês que dedicando meia hora por dia, menos sábados, domingos e feriados, em três meses aprendo francês e guardo na memória um grande vocabulário. Guardar vocabulário é o principal no aprendizado *de uma língua* e o mais demorado de conseguir.

Brain machine é o nome destes aparelhos, "máquina cerebral". Outros chamam de *Teaching machine*. Está baseado em ondas cerebrais. Veja, não experimentei isso. Mas nos EUA, quando um anúncio é escandalosamente falso, faz onda e, se não funciona, é excluído, proibido. Tenho visto uma multiplicação desses anúncios numa porção de categorias de revistas. Hoje (1994) usa-se só música — música muito especial para arrumar o cérebro e torná-lo mais receptivo.

TÉCNICAS DE APRENDIZAGEM ACELERADA

*E*nfim, já fiz parte de um congresso — há tempos, no Rio — sobre *aprendizagem acelerada*. Não se usava maquininha, mas uma técnica primitiva, aquela segundo a qual todos os animais e todos os índios aprendem. Vocês sabem que nenhuma tribo até hoje — graças a Deus — inventou uma escola. Como o índio aprende?

Aprende vivendo. Vai escutando, olhando, vai vendo e daqui a pouco começa a fazer parecido. Como é que ele aprende a falar? Alguém vai ensinar gramática tupi-guarani para ele? Certamente, não vai. Ele acaba falando graças a Deus — digamos.

Então, como algumas das técnicas de aprendizado acelerado funcionam?

Você reúne um grupinho, põe uma música de fundo — muitas vezes se escolhe música clássica — e começa a fazer encenações. Digamos: "Isso aqui é uma estação de estrada de ferro, na França". Então, como é que se faz? Quais são as perguntas mais comuns? O que você mais quer saber? Como se orientar dentro da estação e achar o trem que você quer? Começa um brinquedo dramático meio orientado, mas não se põe nenhum acento carregado sobre as palavras. Não tem isso de "preste muita atenção". A atenção está mais no jogo e no brinquedo do que nas palavras.

Outras vezes o indivíduo fica deitado, relaxado, ritmando a respiração, e há frases em francês passando pelo ar (vamos dizer assim).

Essas técnicas que não dão peso à atenção facilitam a fixação. Para compreender a fundo, é necessária a atenção, mas para guardar dados não. Conheço essas técnicas por alto, é bom dizer. Minhas informações são truncadas. O processo existe e é altamente eficaz, principalmente para aprender línguas, talvez para fixar vocabulário. Mas estão estudando a aplicação de técnicas aceleradas para outras matérias.

Em suma, nunca houve tanta informação disponível no mundo — em revistas, em livros, em bibliotecas; nunca houve tanta informação acumulada em disquetes e CDs. Para que vamos obrigar uma criança a ficar decorando milhares de dados se eles ficam tão pouco na memória?

Então, o principal da educação não pode ser conteúdo. Lembremos que este é o que mais machuca professor e aluno. O professor tem de dar a aula e mostrar seu saber, o aluno vai ter de aprender aquele conteúdo para fazer exames e provas. Um dos constrangimentos da escola — repito, tanto para o professor quanto para o aluno — é: "Nossa, eu não posso esquecer esse ponto!" E as provas, como todos sabem, são, de um lado, um estresse penoso e, de outro, provam muito pouco. Provam que *naquela hora* eu sabia. Só naquela hora...

Este é o pior esforço exigido pela escola e o que a torna "um saco"; perguntem para dez crianças e oito com certeza dirão isso mesmo.

O principal fator desta chateação é: tenho de prestar atenção e guardar um mundo de conhecimento nada interessante para mim. Este é um dos esforços mais absurdos do mundo.

Deixe-me fazer uma caricatura da escola primária. Sou muito radical, dou exemplos muito esquemáticos — espero que vocês depois abrandem as coisas.

QUAL É O PRINCÍPIO BÁSICO DO NOSSO ENSINO PRIMÁRIO?

Crianças de 5 a 10 anos conseguem ficar sentadinhas duas horas — sem se mexer demais — e depois mais duas, escutando um adulto pouco interessado falar de coisas que não têm interesse nenhum para elas.

$\mathcal{E}$ste é um retrato completo dos fundamentos de nosso ensino primário. Lá no MEC só tem ETs; lá ninguém conhece uma criança de perto, nenhum deles deve ter filhos, ou então nunca vêem a cara deles. Porque se espera — se exige! — que uma criança de 6 anos tenha a concentração de um iogue. Imaginem se uma criança consegue isso! Imaginem se um adulto consegue ficar duas horas prestando atenção no que quer que seja! Mas nem na televisão; diante dela não prestamos atenção — entramos em transe, nem sabemos muito bem o que estamos vendo.

Prestar atenção deliberadamente é um ato muito difícil. Como é que eu posso esperar que as crianças de 5 a 10 anos fiquem sentadinhas escutando alguém falar de gramática ou de frações decimais?

Então façam assim: risquem isso do mapa; isso não é escola, isso não é nada. Isso é só para fazer discurso político e continuar nas "sagradas tradições" sem sentido.

Se vocês levarem em conta o que hoje se vem aprendendo das conexões entre o corpo e a mente, as técnicas corporais em psicoterapia; se levarem em conta técnicas orientais de meditação, de ioga, de exercícios e movimentos; se vocês levarem em conta Piaget e o desenvolvimento motor da criança, Reich e o desenvolvimento emocional; levando em conta todos estes fatos, vamos concluir: *a principal atividade pedagógica dos 3 aos 7 anos é se mexer*. A criança deveria ter um vasto parque de diversões, com tudo quanto é bugiganga, um galpão cheio de sucatas e coisas, para ela correr, pular, mexer, escorregar, balançar, se equilibrar, cortar, emendar, colar, pular, dançar, cantar...

VERSATILIDADE MOTORA — A RAIZ DA LIBERDADE

*N*osso aparelho motor é de tal ordem — nunca ouvi este argumento a favor da liberdade humana — que nós somos criação contínua.

Vou tentar (mas receio não conseguir) passar para vocês essa verificação. Em primeiro lugar um dado simples: dois terços do cérebro servem apenas para nos movermos ou para mantermos posições (postura). Dois terços do miolo, cerca de 7 bilhões de neurônios, servem apenas para nos movermos. Somos a engenhoca mais complexa do universo conhecido. Seria ótimo se os professores de Educação Física soubessem disso.

Em segundo lugar: somos um boneco articulado. Realmente um Pinóquio, cheio de juntas. Mas, enquanto o Pinóquio tem sete ou oito, nós temos setenta ou oitenta juntas móveis (temos muitas outras que não se mexem). Vamos ficar em cinqüenta juntas móveis. Cada articulação é uma junta e eu sou um boneco multiarticulado.

Quantas cordinhas existem para mover esse boneco? Aqui é que entra um número que acho estarrecedor, desde a primeira vez que o ouvi: nosso boneco articulado é movido por trezentos mil cordéis.

TREZENTOS MIL CORDÉIS

O que quer dizer trezentos mil cordéis? Quer dizer que ao longo do eixo cérebro-espinal temos cerca de trezentos mil neurônios motores, cujos prolongamentos vão parar em grupinhos de fibras musculares. Cada um desses neurônios controla aquele grupinho de fibras musculares. São efetivamente trezentos mil cordéis a me mover. E como cada um desses cordéis pode ter, no mínimo — estou dando todos os números por baixo —, dez graus diferentes de tensão, temos 3 *milhões de impulsos elementares para realizar os movimentos feitos pelo corpo.*

Não é preciso ser estatístico para concluir: *é impossível fazer duas vezes o mesmo movimento.* Como vou poder arrumar 3 milhões de esforços minúsculos, exatamente na mesma distribuição e na mesma seqüência, para fazer o mesmo movimento? Na verdade é impossível fazer duas vezes o mesmo movimento. Então, somos criação contínua. E, na verdade, o homem é livre porque é o mais versátil dos animais em matéria de movimento. Vamos expandir esse ponto

Se vocês forem a um circo e verificarem toda a variedade de movimentos que lá se faz; se vocês forem em campos esportivos e verificarem todos os movimentos que lá se faz; se vocês forem a um teatro de dança, folclóricas ou clássicas, e verificarem todas as variedades de dança existentes e que estão sendo criadas, mais uma a cada três meses; se vocês levarem em conta todo este painel de possibilidades motoras que nós temos — concluiremos que na "vida normal" nos comportamos todos como paralíticos. Lembremos que aprender movimentos é fácil. É só olhar e imitar. Por isso, não sou um equilibrista de circo, mas me equilibro um pouco; não sou um malabarista de circo, mas brinco com três laranjas, dou meus pulos e corridas, danço...

> **Se vocês levarem em conta todos os movimentos que podemos fazer, concluirão que nos comportamos como paralíticos: ninguém usa mais do que 5% dessas aptidões de movimento. Diante de tudo o que cada um podia fazer de variado, nós não fazemos quase nada. Somos robôs ultralimitados, ultra-rotineiros, sempre quadradinhos, fazendo sempre a mesma coisa.**

Não é simples coincidência isso.

Na verdade, limitem os movimentos — agora fala Piaget, estou pulando de galho — e vocês limitam a inteligência.

E mais: qual é a principal função da educação, mais moral e cívica do que propriamente escolar? Dizemos "ensinar bons princípios, o que é certo e errado, o que se deve fazer e o que não se deve fazer..." e as mamães fazem discursos e sermões intermináveis.

Não, minha gente.

A PRINCIPAL FUNÇÃO DA EDUCAÇÃO É RESTRINGIR MOVIMENTOS

O que qualquer criança do mundo mais ouve é "não". Depois de milhares e milhares de "nãos", a criança "está educada". Dos 100 movimentos que podia fazer, faz apenas cinco. Agora ela é controlável, é adaptável. Já pode entrar na linha de montagem, no escritório, já pode ser caixa de banco...

Educar quer dizer restringir movimentos. Por que Piaget nessa história? Li pouco de Piaget. Mas como tinha chão por outras ideologias, entendi bem algumas coisas que Piaget disse: você aprende a manipular idéias, *intelectualmente*, na exata medida em que você consegue manipular objetos *manualmente*.

Você só entende o que você sabe fazer. Se você nunca fez, pode até falar bonito, mas não sabe aquilo. Não sabe.

Assim, a primeira lei do aprendizado da infância seria: até os 8 anos, 90% de movimento. Para a criança não cristalizar posições restritivas e fechadas. Basta dizer assim: o indivíduo quadrado, por que a gente chama de quadrado? Porque ele é quadrado. E, se ele é no corpo, é nas idéias também. É tão evidente isso — existe uma correlação total entre o que nós chamamos atitude mental e atitude física.

Vamos dar dois ou três exemplos bem claros, ridículos e engraçados. Imaginem vocês que eu chego aqui assim (atitude de profundo desânimo) e digo: "Nossa! Eu sou o maior otimista do mundo! Eu tenho um entusiasmo incrível! Tudo me interessa..."

Ou então assim (atitude de orgulho): "Eu sou a própria modéstia. Eu me omito sempre que posso, não gosto de aparecer".

Um depressivo que indireite a coluna, sente direito e comece a respirar... tchau para a depressão! Não existe depressão num indivíduo que está bem colocado e respirando bem. Não existe. Para ter depressão, é preciso começar a despencar, murchar, apagar e cair.

A CORRELAÇÃO ENTRE CORPO E ESPÍRITO É MUITO MAIS ESTREITA DO QUE APRENDEMOS EM VELHOS TEMPOS

Vou repetir e recolocar: a principal atividade da criança deveria ser o cultivo dos movimentos. Não só ter meios para se mover muito como também usar muitas técnicas — algumas acadêmicas e outras alternativas — *para a criança ampliar a consciência e o controle do movimento*.

Seria a melhor forma de educação para a liberdade. Não só preservar a movimentação da criança, mas enriquecê-la. Dar-lhe meios para que se mexa muito e alguém ao lado usando pequenos truques — não são nem tão complicados — para ela perceber melhor os movimentos que faz e coordenar mais finamente as ações. Repito: não existe melhor educação para a liberdade do que esta. E não existe melhor educação para a escravidão do que "fique sentado, fique quietinho e fique bem-comportado". Dá para perceber que a nossa escola está de cabeça para baixo?

Ela faz tudo o que não devia fazer para educar.

EU, PINÓQUIO SOFISTICADO

Voltando um passo — voltando ao boneco articulado. Vocês dirão: "Puxa! Dois terços do miolo só para se mexer! Parece um exagero". Não vou entrar em nomes de regiões cerebrais que talvez vocês nem acompanhem, mas vou descrever uma imagem que os fará entender depressa por que precisamos de tanto miolo para nos mover.

Vejam bem: daqui para baixo (pernas) eu tenho duas pernas de pau. Estou descrevendo um boneco. Estas pernas de pau são muito esquisitas, porque cada uma delas tem duas dobradiças — uma no tornozelo, outra no joelho. E mais uma aqui (coxo-femoral). Quero ver um equilibrista de circo ficar em cima de um par de pernas de pau que tem três dobradiças.

Não dá nem para imaginar.

Onde é que acabam essas pernas de pau? Nas esferas mais perfeitas do corpo humano, as cabeças dos fêmures (acho que todo mundo lembra, são os ossos mais conhecidos do corpo). A bacia está assentada em cima delas — e é isso que nos permite rebolar. A pelve pode girar em qualquer direção. Agora, mudemos a imagem. Vou pôr duas bolas de aço aqui sobre a mesa e uma bandeja em cima delas; vejam que loucura. Este é o equilíbrio da bacia em cima das pernas de pau: duas esferas de aço e uma bandeja sobre elas. Basta pôr um dedinho assim e veja o quanto ela vai, em qualquer direção e em todas as direções. O que tem em cima da bandeja? Trinta e três xícaras emborcadas, que são as vértebras. Entre cada duas vértebras um pequeno movimento, mas no total delas grande mobilidade da coluna.

E em cima desta pilha? Uma bola — a parte mais pesada do corpo, 5 quilos —, a cabeça. Ela está em cima desta pilha, de 33 xícaras que escorregam, em cima de uma bandeja postada sobre duas bolas de aço, em cima de duas pernas de pau com três dobradiças.

Só parar de pé consome metade do sistema nervoso. Sem contar que, pendurado bem alto, há mais dez quilos de uma "canga": a cintura escapular, os dois ombros e os dois braços. E com isto a mais: quase todos os movimentos que eu faço são aqui (braços, mãos), isto é, *cada movimento que eu faço desequilibra a pilha inteirinha.*

Estou caindo a qualquer momento em todos os momentos em todas as direções.

Agora dá para entender um pouco por que o movimento é tão importante, por que ele ocupa dois terços do miolo e por que é preciso começar a dar atenção a esse bendito movimento, em vez de dar atenção ao tal bom comportamento.

Vocês sabem, a figura do menino ou da menina bem-comportados é inconfundível. Eles são "assim" (imita). Eles não mexem muito nada. Esses estão bem adaptados. Bem enquadrados. Bem neuróticos. *A definição da neurose é rigidez de comportamento físico, mental e emocional.*

Vamos falar do maior buraco de ozônio da educação. Nela não se fala uma palavra sobre sentimentos. Nada. Educação é "daqui para cima" (pescoço para cima). Daqui para baixo é bom ficar quietinho, para não atrapalhar o daqui para cima.

Vamos tentar cumprir a promessa que fiz bem no começo. Vamos ver se consigo atenuar a culpa dos professores e a culpa das mães. Ambos partem de um princípio profundamente falso, já esboçado ligeiramente. Desde que se nasce, a propaganda sobre família — principalmente sobre mães — é 100 vezes maior do que a da Coca-Cola. "Porque mãe deve, porque mãe precisa, porque é obrigação de mãe, porque mãe sabe o que faz, porque mãe está sempre certa..." (Portanto, a criança está sempre errada, mas isso ninguém pensa.) Porque tudo o que a mãe faz é por amor, mesmo que sejam gritos, palmadas, xingações e castigos. Não, é tudo por amor. É para educar esse selvagenzinho. Se não fosse o amor de mãe, imagine o que seria dele!

Não esqueçam: *a mãe é o DNA da tradição social.*

Ela tem a incumbência de passar para seus pimpolhos todos os nossos sagrados valores tradicionais (frase que se diz com cara e pose de muita solenidade).

Só que os nossos valores tradicionais são de um banditismo coletivo e recíproco. A História da humanidade é um horror e um nojo. É inteirinha uma história de guerras, de assaltos coletivos. Há 10 mil anos não há um ano de paz na Terra! A sociedade é um horror de exploração, de abuso. Hoje não tão ostensivamente como antigamente — não existe o escravo propriamente dito. Mas eu não sei a diferença entre o escravo e um favelado ou um operário de salário mínimo. Acho até que o escravo estava melhor. Porque ele ao menos tinha comida e teto garantidos. O operário não tem — nem dois terços dos brasileiros têm. Segundo estatística da ONU, de cada três brasileiros dois são miseráveis (1994).

Nossos valores tradicionais são uma droga, uma porcaria. Seria melhor acabar com eles. *Aliás, toda a crítica histórica e social está dizendo isso hoje.* Espero que percebam: não sou eu a querer, sozinho, destruir o mundo. Criticamos arduamente o poder dos poderosos, o absolutismo, o autoritarismo, a imposição, o abuso, a corrupção, o inferno!

É isso que as mães estão transferindo para os filhos, para que sejam explorados ou exploradores — como elas, exploradas desde sempre.

Enfim, desde os assírios até hoje, a Desumanidade se divide em 20% de seres vagamente humanos (com possibilidades de se humanizar) e 80% de peões escravos, servos, favelados, camponeses, salários-mínimos — *todos sem direito algum*, nem mesmo o de sobrevivência.

Estas são nossas sagradas tradições.

CINCO ANOS — IDADE CRÍTICA

Outro dado que não pode ser esquecido quando se fala em educação: *o aprendizado fundamental de vida se faz até os 5 anos de idade*. É curioso, mas essa idade dos 5 anos é a idade em que o chimpanzé se torna adolescente. Até os 4/6 anos, no ser humano, ocorrem coisas muito curiosas; é como se fosse uma *pré-maturação*, rápida, inclusive erótica e amorosa. Chimpanzé com 5 anos começa a se tornar macho maduro e a poder fecundar a fêmea. De outra parte, mestre Freud disse — aí ele acertou em parte — que entre 4 e 6 anos é um dos períodos muito amorosos da criança, em que ela começa a descobrir o erótico, o prazenteiro e até o sexual (complexo de Édipo).

Dizem os estudiosos que por volta dos 5 anos nós já aprendemos da vida — não da escola — 80% de tudo o que vamos aprender. Oitenta por cento! Então essa de "deixe a criança à vontade porque depois ela aprende" é uma frase mortal.

Quando nos referimos a crianças maiores, estamos falando de um tipo especial, altamente cultural, de aprendizado. Eu diria que saber bem Português, Matemática ou Geografia não me faz mais feliz nem mais infeliz no casamento, no namoro ou com meus filhos. Uma coisa é aprendizado de vida, outra é o aprendizado escolar. Estou dizendo que aos 5 anos a criança já aprendeu 80% da arte — ou da pena — de viver.

Vamos avançar mais um pedacinho nesse paralelo entre o professor e a mãe. Acho que é a coisa mais útil que posso fazer por vocês — que não sintam tanto o peso da obrigação de ter de ensinar.

Tanto ensinar quanto educar em família são processos a dois. A mãe faz o que pode; se o filho responde, graças a Deus; se não responde, azar o dele. Mas qual é a mãe capaz de compreender isso? A culpa é dela! Ela assume diretamente. "Fui eu que não soube fazer! Por que será que ele faz assim? Nossa! Acho que não estou fazendo o que eu devia". E elas são muito "amigas" entre si, não é? Cobram umas das outras, implacável e reciprocamente, uma perfeição que não existe em nenhuma — e em ninguém.

TODOS TEMOS DUAS FAMÍLIAS

Vejam, critico a família numa base muito evidente para mim e que se aplica indiretamente à escola. Recorde, leitor, quanto já dissemos anteriormente sobre a família.

Àqueles reparos, acrescentamos mais alguns.

A família é a maior escola de irresponsabilidade do mundo. Nela, você pode fazer o que quiser e sempre será "perdoado". "Não, depois passa... Ah, mas é marido... ah, mas é pai... então deixa, então deixa, então deixa... Não há melhor maneira de criar irresponsáveis no mundo do que essa tolerância ilimitada.

Este ano em particular mais de um terço das pessoas que me procuraram foram mães, trazendo os filhos pela coleira.

— Dá um jeito nele, Gaiarsa, que ele não quer nada com a vida!

— E a senhora?

— Ah, eu faço tudo por ele!

É por isso que ele não faz nada. É tão óbvio! Óbvio para todos, menos para a mãe.

— Ah, doutor! Mas *eu tenho de fazer*! Uma mãe deve.

Então continue fazendo! Falando aqui é engraçado, mas em casa é infernal de ruim. Às vezes a mãe se mata, literalmente. E aquele paspalho, todo desengonçado, nem está aí enquanto ela morre de sofrimento.

Elas acreditam ter uma força; e uma competência que não têm; estão vendo todo dia: o filho não é o que elas gostariam — mas continuam a insistir num modelo que não acontece.

Um dos episódios mais terríveis da família *é a repetição interminável do mesmo conselho*. "Gaiarsa, mas eu disse para ele mil vezes! Há dez anos estou dizendo!"

Ah! Há dez anos a senhora continua a repetir esse conselho e o malandro nem liga! E a senhora continua a dizer a mesma coisa!

Que desespero, meu Deus! As pessoas não vêem o que está debaixo do nariz. Não sou eu quem diz isso. Outro dia dei de cara com uma frase curiosa de Goethe, tido como o maior gênio da Alemanha: "A coisa mais difícil é ver o que está na nossa frente".

Deixem-me ampliar esse lado; ele é muito importante para todos. De que forma uma noção altamente idealizada, absurda e ridícula de mãe embota completamente nossa capacidade de perceber as coisas.

Deixem-me fazer uma encenação ridícula, mas que passa o que eu pretendo muito depressa.

Imagine uma criança de 6 ou 7 anos diante da mãe a lhe dar um pito.

— Menino, você foi, você sujou, você fez, blá, blá, blá, blá...

Ele, meio encolhidinho, assustado. Ela continua a desabafar e, na primeira deixa, ele entra e diz:

— Puxa, mãe! A senhora está com uma raiva de mim.

E ela, *aos berros*:

— Eu, com raiva de você!? Uma mãe *nunca* tem raiva de um filho!

Uma mãe só educa. Uma mãe não tem raiva. Tudo o que ela faz é para educar.

Acabada a encrenca, o garoto vai até a vovó.

— Puxa, vovó! Quase que a mamãe me pega de vez. Ela está com uma raiva de mim

O que é que a vovó diz?

— Imagine, meu bem! Tudo o que a mamãe faz é para seu bem. Ela só te ama. Ela nunca tem raiva de você.

Essa historinha ridícula — da qual vocês riem, porque é fácil multiplicar os exemplos — é infernal de ruim. Vocês estão fabricando um louco autêntico. Você está dizendo para a criança: *o que você viu não existe.* **Você viu a mãe avançar como uma bruxa para cima de você? Não! Você é um alucinado! Mamãe é só amor!**

Sobre uma Escola para o Novo Homem

O que acontece com o tempo? Se uma criança insiste em dizer o que ela está vendo, ou vai apanhar muito feio, ou vai para o psiquiatra — se for de classe média endinheirada. "Nossa, esse filho está criticando muito a mãe! Ele está doente! Ela é tão boazinha, faz tudo o que ele quer! Ela é tão perfeita em tudo o que faz! Como é que esse diabinho vai criticar essa santidade suprema?"

Não sei se vocês percebem, este fato — com o seu ar de bom humor — é uma coisa muito ruim.

Não posso dizer o que estou vendo — esta a lição forte e funda. Não posso dizer o que estou vendo! E é por isso que o mestre Goethe e o Gaiarsa dizem a mesma coisa: o mais difícil do mundo é ver o que está na sua frente.

Seu filho não faz o que você gostaria? Jamais uma mãe se pergunta. "O que será que eu estou fazendo para que isso aconteça?" É sempre assim: "O que há com *ele*?" A culpa é sempre da criança. A criança é o maior bode expiatório da humanidade. Os poderosos oprimem os inferiores, os maridos oprimem as esposas e tanto maridos como esposas oprimem a criança. E tudo isso com o santo pretexto de educar, isto é, de limitá-la para que se encaixe nesse mundo muito louco em que nós vivemos. E temos o desplante de chamar isso de educação e dizer que é fruto de amor familiar e materno. Nós não sabemos o que estamos falando. Se o mundo é essa loucura, em boa parte é por isso. Exigimos transparência dos políticos, mas aprendemos desde muito cedo a guardar para nós o que pensamos e a fingir, fingir, fingir...

MATRIMÔNIO MANICÔMIO

Só o filho existe. Se a mãe percebesse um quase nada de sua vida, sentimentos bem ruins de desencontros, frustrações, sacrifício inútil, falta de sentido da própria vida aflorariam... É *muito* mais fácil e melhor pensar *só* no filho. *Ele* é o problema — e nenhum outro!

Outro exemplo a esbarrar em cheio com a escola. É outro exemplo de fabricação autêntica da loucura em família. Agora se segurem, porque é uma frase muito do meu gosto, mas é um pouco chocante. É sobre sexo. Hoje em dia, como se fala muito, por causa da Aids e de outras coisas, parece que existe mais liberdade e que a coisa está mais fácil. No entanto — agora vem a frase — *na sagrada família, ainda hoje, ninguém tem pinto nem xoxota*. Mãe não tem este negócio! E não diga que ela tem porque eu brigo com você! Nós fizemos uma idéia tão grosseira e deprimente da sexualidade que agora ela não é compatível com a Santa Mãe. Mãe é boa demais para ter sexo. Isso é assim o tempo inteiro. Vinte anos todo mundo com cara de pau. Ninguém tem, ninguém... "Eu nem sei para que serve, na verdade. Nunca falaram a respeito." Ou, quando se fala, todo mundo ri, faz uma cara engraçada, fica vermelho, fica sem jeito... "Que é que eu faço com isso... que está aqui? Eu não fui procurar; nasci com 'esse negócio'. Sabe, não é culpa minha ter isto. Eu quero saber o que é que eu faço com isso." Não existe nenhuma educação sexual no nosso mundo. Não sei como posso falar que sou sexualmente normal num mundo onde não há a menor educação sexual, nenhum apoio sexual e toda a atividade sexual das pessoas é objeto de fofoca e condenação. Todos os nossos palavrões são anti-sexuais (pensem, façam uma lista na cabeça e vejam; todos eles são anti-sexuais). Então, não sei quem é que consegue ser sexualmente normal no mundo. E falou em educação sexual na escola...

Vem uma criança correndo: "Fessora, fessora! O

Antônio beijou a Chiquinha!" Caso policial na escola. Chamam o Antônio, que tem 13 anos: "Antônio, por que é que você fez uma coisa dessas?" Ele faz aquela cara, e não abre a boca. Eu não pergunto para ninguém por que é que tomou uma sopa ou comeu um bombom. Não é preciso perguntar; é gostoso, preciso comer. Preciso beijar na adolescência! Não há coisa melhor na vida do que namorar. Mas não pode. O que menos pode na adolescência é namorar. Só escondidinho, fazendo de conta que ninguém está vendo. Mas em público não pode.

E agora eu me pergunto se vocês impedem isso dos 13 ou 14 anos até os 20... Estive numa ocasião numa universidade falando sobre educação sexual; quando acabei — eu falo mais ou menos claramente —, o diretor estava em pânico. Em pânico! "Gaiarsa, por que você diz uma coisa dessas para a rapaziada?" Eu disse: "Em primeiro lugar, eles sabem de tudo isso. Em segundo lugar, estão aqui alunos de 15 a 19, 20 ou 22 anos — o período mais quente da vida eroticamente". Ninguém fala nada, não pode nada, tudo é em segredo. Só fofoca e depreciação, e gozação se alguém é apanhado em flagrante.

Vejam, como é que se pode depois falar em educação (voltando agora ao nosso assunto base)? Nossa educação é uma mentira gigantesca, toda ela.

Vamos agora voltar, aterrissar e encerrar. Por que quero trazer um pouco de alívio de culpa para os professores, como traria um pouco de alívio de culpa para as mães?

Falo muito mal das mães, mas as mães me ouvem com atenção e me agradecem. Me dizem: "Olha, eu era uma boba, realmente. Uma boba!" Inclusive até sem dignidade às vezes — uma escrava na casa. Qualquer um diz: "Vá pegar um café", ou "Traga um copo com água", ou "Mãe, arruma aquele negócio", ou

"Manhêêê!" E vai a escrava atrás, e acha aquilo certo. Ela está criando irresponsáveis e incompetentes em série. "Faço tanto por eles!" Não, não faz tanto. Faz demais — demais da conta.

O PRINCÍPIO FUNDAMENTAL DO CONVÍVIO HUMANO É A RECIPROCIDADE

Eu faço, você faz. Eu te trato bem, você me trata bem. Se vamos cooperar num trabalho, faço minha parte, você faz a sua. *Se relações humanas não forem recíprocas, são de opressão ou exploração.* No entanto, de um lado as mães vivem fazendo demais, sem exigir nada; de outro, exigindo sempre o mesmo absurdo, nos conselhos intermináveis que não se realizam. Elas fazem uma cobrança falsa: não funciona, maltrata, machuca e não conseguem o que gostariam.

Elas cobram — as mães cobram, nós sabemos —, mas cobram torto, cobram errado.

Então, professores, não entrem nessa de que "eu tenho de ensinar esses pobres infelizes, ignorantes que não sabem nada; tenho de organizar um didática perfeita que entre na cabecinha deles; tenho uma obrigação enorme de fazer com que eles passem de ano, aprendam", e tudo o mais. É um peso a mais para vocês e para eles; é um peso ruim para vocês e para eles.

Vocês dirão: então, qual é a solução? Não podendo falar de muitas, vou tocar em uma ou duas. Em primeiro lugar e antes de mais nada, e voltando um pouco às mamães e aos papais: eu não sei se hoje nós, pais, ainda temos o que ensinar para nossos filhos. É uma dúvida muito séria. Vejam: neste século, quase no fim, a humanidade mudou mais do que em todos os 10 000 anos de História e um milhão de anos da Pré-História. Neste século, tenho mais de 70 anos, poderia contar histórias muito curiosas para vocês. Não sei se os pais ou os professores têm o que ensinar para os alunos. Alguém já disse: com uma semana vendo televisão, as crianças aprendem mais do que o professor pode lhes ensinar em um mês. Em matéria de fatos — coisas do mundo e da vida. De filmes, de ficção, de desenhos, de noticiários. Duas horas de televisão valem por dez horas de aula. Mesmo a televisão superficial, precária, errada. Não importa — qualquer televisão está ensinando mais, em uma hora, do que se ensina na escola em uma semana.

Pode ser até diversão — vamos cantar e brincar, porque nascemos para cantar e dançar, e não para ter sucesso. Ou vamos aprender, porque passam pedacinhos de mil coisas na televisão. Os jornais mostram o mundo inteiro. Mil programas têm perguntas e respostas — ridículas, meio bobas —, mas são perguntas e respostas. São históricas, são geográficas. E há todo o movimento. As crianças, hoje, já são uma nova geração, e o que nós podemos fazer é desistir de querer ensiná-las e tentar aprender junto. Vou encerrar com este ponto. Da outra vez que estive aqui, há uns dois anos, tive uma surpresa, de um lado agradável e de outro não muito. Pensei que havia em mim uma sabedoria muito especial e vi que em outras pessoas já havia essa sabedoria.

Dois ou três anos atrás, num momento de tranqüilidade, ouvi uma voz íntima que me dizia: "Agora você é um mestre". Houve um silêncio — eu sabia que havia mais um pedaço depois dessa frase. Continuei ouvindo e veio outra frase, curta: "Porque você sabe aprender".

VAMOS BRINCAR DE APRENDER

O que as crianças precisam hoje é aprender a aprender. Isso de fornecer um corpo fixo de conhecimento é outra tolice rematada, diante de um pouco mais de profundidade na apreciação das coisas. Se hoje pego um livro de Medicina atualizado me descabelo para entendê-lo. Não tem mais nada a ver com o que me foi ensinado há cinqüenta anos. E, note-se, sempre acompanhei um pouco o desenvolvimento da ciência, sou um moço inteligente, gosto dessas coisas, leio muito. Hoje qualquer revista, como *Superinteressante* — só para dar um exemplo —, traz tanta novidade que — nossa! — nenhum professor ouviu falar naquilo.

Então, professores, não se sintam na obrigação de encher a cabeça nem — desculpem — o saco da criançada no mesmo ato. Segundo: não adianta nada empurrar conteúdo, nem para os alunos nem para vocês. Vejam se aprendem a brincar junto. "Vamos aprender juntos. Vamos brincar de aprender." Vamos ver como se faz para aprender.

Por isso, a aula de Português é uma das mais adequadas do mundo. Façam palavras cruzadas ou outras brincadeiras. Olha, eu tenho uma birra absolutamente assassina de gramática. Nisso, aliás, não sou nada original. Tirando meia dúzia de professores de Português um pouco fanáticos, não conheço ninguém no mundo que goste de gramática. Não conheço ninguém que use gramática para falar. Lingüística é outra história, vejam bem. Lingüística é muito complicada, não é disso que vocês vão falar na escola. Ridículo: enquanto o garoto sabe o mais-que-perfeito do indicativo e que o objeto direto concorda com o complemento adverbial, ele chega no brinquedo e diz: "Ei, nós vamo, nóis vai, nóis foi..." O que é que ele está aprendendo de Português? Sem falar de outro dado: gramática é uma metamatéria — é um estudo sobre um estudo. Exige um grau de abstração muito elevado para uma criança.

AULA DE PORTUGUÊS

Como seria a aula de Português? A mais simples e simpática do mundo: aprender a *ouvir*, em primeiro lugar; aprender a *falar*, em segundo lugar; aprender a *ler*; e aprender a *escrever*, nesta ordem. Como se aprende a falar? "Garoto, conte o desenho animado que você viu ontem no programa da Xuxa." O garoto conta: "Blá, blá, blá..." "Está certo o que ele disse? Vejam, ele disse assim" — e a professora escreve na lousa. "É assim que se fala? Não pode ficar mais claro? E você, viu a mesma coisa? O que você viu a mais e a menos?" Qualquer assunto serve para ver se as crianças estão falando e se estão entendendo o que dizem. Hoje em dia, entre 1 500 variantes de psicoterapia existe uma que se chama semântica. Diz apenas o seguinte: retreinem-se as pessoas *para que elas só digam o que sabem que estão dizendo*. Não existe melhor formação lógica, não existe melhor Português e não existe melhor integração psicológica. Vocês sabem que hoje a neurolingüística é a onda. O que é neurolingüística? Entre outras coisas, é isso que estou dizendo aqui: só fale o que você sabe que está dizendo. Ou seja, fale de fatos, de coisas, de fenômenos. E não de abstrações de quinta ordem, tão distantes que ninguém sabe o que significam.

Como já disse no começo, a única decoração que considero essencial é o vocabulário. Mas isso também pode ser transformado num jogo muito divertido. Muito. Olha, eu adoraria dar aula de Português —

garanto que a garotada iria esperar a aula ansiosamente ("Do que é que nós vamos brincar hoje?"). Aprender a falar, a ouvir, a escrever e a ler. Aliás, minha homenagem a um querido mestre, principal responsável pelo fato de hoje eu escrever. Era um professor do ginásio do Estado, o professor Rangel — um dos poucos razoáveis. O que ele fez durante três anos, ensinando Português para nós, também com quatro horas de aula por semana (naquele tempo já eram quatro, agora são cinco)? No fim da aula — dez minutos antes —, ele contava uma história ou lia um poema e dizia: "Escrevam". Na aula seguinte, chamava alguém: "Fulano, levante e leia". O fulano lia: "Blá, blá, blá..." "Olha aqui você disse assim; melhor assim, você não acha? E vocês, o que acham da história dele? Beltrano, leia". Três anos ele fez isso. Todo mundo ia para a aula com muito prazer. Ele fazia comparações, apareciam as estrelas, de vez em quando aparecia uma historinha bem contada; havia competições de grupos, porque uns escreviam melhor e outros pior. Três anos — isso eu considero um altíssimo curso de Português. Interessante, divertido, bem trabalhado. Nós tínhamos prazer de escrever, porque seria lido, ouvido e comentado, entraria em competições, participaria de escolhas e votação. Tinha todos os ingredientes para ser uma aula gostosa — e acabou dando neste prolífico pai de 24 livros (mais vários a caminho).

Sempre gostei muito de educação. Muitos que me conhecem acreditam que eu seja, acima de tudo, um professor. Assim, tenho bastante o que falar para vocês. Vou partir do belo espetáculo que iniciou nosso encontro, mas, em vez de me referir ao garoto prodígio e à sua compostura artística, vou me referir ao instrumento que ele usou.

A maioria de vocês já esteve perto de um teclado eletrônico. Aliás, chamar de teclado é uma injustiça, porque uma coisinha dessas contém uma orquestra completa. O grande número de botõezinhos permite imitar dezenas de instrumentos diferentes, produzir sons incomuns, desatar ritmos variados e contrapontos à vontade. É realmente um prazer mexer com essa caixinha de música. Embora, diga-se de passagem, jamais possamos compará-la com uma orquestra sinfônica. São dois universos distintos e incomparáveis. Trata-se de um objeto "moderno", da era eletrônica, de incrível complexidade. Mas o fato é que ele põe em uma caixinha, de manejo individual fácil, sons que em um passado recente só podiam ser conseguidos à custa de um número considerável de pessoas.

Fatos e objetos dessa ordem é evidente que repercutirão na orientação sócio-política e, inclusive, econômica da educação.

MULTINACIONAIS E DINOSSAUROS

Este pequeno exemplo resume um livro que está sendo muito lido — o autor se chama Naisbit, um monstro sagrado: *Paradoxo global*. Naisbit andou pelo mundo inteiro, falando com muita gente importante. Fala de economia, de sociologia e de política de forma bastante clara e profunda, com um volume monumental de informações.

Que diz ele? Que as grandes multinacionais estão se dividindo, porque os dinossauros organizacionais não funcionam, são ineficientes. Acabam atolados em burocracia lerda e incompetente. As grandes empresas estão se dividindo em empresas menores porque, bem no fundo, cada uma sabe onde aperta o sapato. Quem mora num bairro sabe as necessidades do bairro. Se muda de bairro, não sabe mais.

> Quando, para decidir cursos de ação, é preciso referir-se a um poder central, situado lá na estratosfera (no "Planalto"), é certa a incompreensão entre os poderosos e os subalternos. Além disso, *só quem faz sabe como fazer* — princípio universalmente aceito, em tese, e quase nunca posto em prática; ele compromete demais a pirâmide de poder (o "de baixo" sabe mais que o "de cima"...). A responsabilidade está se deslocando para os grupos menores e, nestes, para os indivíduos.

Vocês dirão: o indivíduo sempre foi o centro de tudo. O indivíduo sempre foi o centro de tudo na ideologia, mas não na prática. Na verdade, até hoje fomos profundamente autoritários em todas as instituições, e vou mostrar para vocês que também a educação em curso é por demais autoritária.

A educação familiar, então, é a coisa mais despótica do mundo. Tudo o que a mãe faz está certo e pai sempre sabe como são as coisas; logo, a criança não sabe nada! A família não prepara ninguém para a democracia, nem para a liberdade, nem para o desenvolvimento afetivo (em família, *tenho de* amar mãe, pai, irmão, tio... tribo. "Os outros", cuidado com eles!).

Vamos voltar. Imaginem que concentração fantástica de pessoas, de tecnologia, de indústria se reuniu para fazer aquele instrumento, que um indivíduo toca e parece uma orquestra. É uma pequena demonstração do quanto as coisas estão convergindo efetivamente para o indivíduo. Hoje vocês têm uma riqueza incomparável de escolhas. Como exemplo, fiquemos com a música. Hoje, além do teclado mágico, você pode escolher o tipo de música de seu agrado, desde o samba até o cantochão gregoriano ou o coro de monges tibetanos — a preços aceitáveis!

DEUS TV

*E*stá nascendo em mim aos poucos a compreensão de um paradoxo maravilhoso do nosso mundo: a influência absolutamente fantástica da televisão sobre a História da humanidade. Principalmente a televisão, porque é o meio mais ouvido, com certeza; o rádio vem em segundo lugar; em terceiro, o jornal e, depois, as revistas.

A mídia em geral, com a TV em destaque. Ela tornou-se o vício cósmico. Só no Brasil temos 35 milhões de aparelhos de televisão (1994). Admitindo-se para cada aparelho ligado duas a três pessoas assistindo, temos aí dois terços da população do Brasil assistindo à televisão de quatro a seis horas por dia. *Não há nenhuma outra coisa que influa mais sobre as pessoas do que a televisão.*

Não há nenhuma "escola" mais poderosa, pois, além do mais, seus "alunos" estão aí *porque querem*, porque escolheram!

Não esqueçam de outra parte — vejam os paradoxos da dialética: quem sustenta a televisão são as grandes empresas. São os anúncios. Muitos dizem que essa é a parte ruim da TV e da mídia em geral: os anúncios, as promoções; elas influenciam as pessoas, fazendo-as comprar o supérfluo, mostrando um monte de bugigangas... É moda criticar asperamente a sociedade de consumo, geradora de uma sociedade de produção absurda. Realmente, o número de materiais, substâncias e objetos fabricados hoje não cabe na imaginação de ninguém. Inventa-se de tudo para vender. A grande marca do nosso tempo é a mercadologia — como vender mais e mais. Grande parte da economia gira em torno das promoções da televisão. Mas o que acontece com esta televisão? Vou lembrar um anúncio dos mais típicos (há dezenas de outros), o da Varig: "Você, acima de tudo. Varig, Varig, Varig!" Você acima de tudo; todas as propagandas usam "você". "Nós fazemos para você." "Tudo o que nós fazemos é para te agradar." "Você é nossa única preocupação"...

A propaganda diz tudo isso — parece — com a má intenção de vender. Mas, na verdade, esse dedo que não aparece, porém aponta o tempo inteiro para "você", está marcando a individualidade humana muito, muito, muito mais do que qualquer filosofia, psicologia ou religião ao falarem de seu espírito racional ou de sua alma imortal.

Antes de mais nada, porque a TV alcança todos os níveis sociais, ao passo que a filosofia e os altos níveis da cultura estão muito longe disso; e também na favela o indivíduo — faminto e miserável, vamos ser claros — está ouvindo: "Acima de tudo, você".

"Tudo o que nós fazemos é para você." Então, está havendo, como jamais na História da humanidade, um sublinhamento do indivíduo.

"IMPORTANTE É VOCÊ"

Como segunda linha de batalha do indivíduo temos o Ibope. Hoje em dia se faz pesquisa de opinião para tudo, sem contar que toda mercadologia é um ibope. Se vão lançar um produto, querem saber quem se interessa, quem não se interessa, e lá vai o Ibope fazendo perguntas.

Gosto de dizer uma coisa que choca muito as pessoas, de saída: a instituição mais democrática do mundo é a Rede Globo de Televisão. Porque ela faz um plebiscito a cada quinze minutos! Para saber "o que você quer". A Rede Globo — é um dado seguro, não tem nada de misterioso — nas grandes cidades do Brasil, e talvez em algumas pequenas, tem uma amostra estatística válida de aparelhos de televisão. Vai-se à casa das pessoas e contrata-se o direito de instalar na televisão dessas pessoas escolhidas um aparelho simples, que marca a hora e mostra se a televisão está ligada ou desligada e em que canal está sintonizada. O aparelho diz só isso; semanalmente os registros são recolhidos, computados e a Rede Globo sabe qual é a audiência de cada programa a cada quinze minutos. É baseado nisso que ela altera todos os seus programas. Se vocês pensarem um pouco, isso é um plebiscito.

Hoje, com as "redes" eletrônicas, os senhores das comunicações sabem, *minuto a minuto,* quantos estão vendo o que, em qual canal. Um ibope é um microplebiscito — de acordo? Um plesbicito é uma consulta a todos, para saber o que todos querem ou desejam.

A Rede Globo faz isso, mas essa história do Ibope está sendo feita em muitos lugares e sobre muitos assuntos. Inclusive, vocês sabem, para eleições. Cada vez mais são feitas pesquisas de Ibope que querem dizer: *você decide*. Mas o Ibope é, ele também, a consagração da individualidade. A toda hora todos nos consultam para saber o que queremos. Marquem bem: o caminho sócio-político da liberdade está aberto e não vai se fechar mais. São "os de baixo" que decidem... Só podemos seguir a onda e melhorá-la, se possível. Mas quem quiser voltar a formas autoritárias de imposição encontrará no mundo cada vez mais resistências. E não é ideológica, não — é "eu não quero isto!" "Eu quero ser ouvido, eu quero escolher, eu quero fazer aquilo de que gosto." Cada vez se acentua mais essa tendência — com o aumento inexorável do número de aparelhos de TV no mundo todo.

Este é o campo social que está se propondo para nós. Em função dessa coisa espantosa, faço duas declarações bem sugestivas. A primeira é: "Deus TV". Deus TV. Por quê? Porque a televisão está em todo lugar e ela mostra todas as coisas — como Deus. Por isso ela atua e por isso modifica a sociedade — e cada um de nós.

A segunda declaração vou fazê-la através de um exemplo. Se não houvesse a difusão das injustiças sociais da África do Sul, se não fossem conhecidas no mundo inteiro, os negros de lá, sozinhos, jamais teriam a força de subverter o sistema ou de se impor diante dos brancos.

Aliás, creio seja este um poderoso instrumento de mudança social. *As passeatas têm seu efeito enormemente ampliado quando a televisão as mostra*. Onde quer que cinqüenta ou 100 000 pessoas se encontrem para um protesto, lá está a televisão mostrando para o mundo o que aconteceu, multiplicando por 100, por 1 000 ou até por milhões o movimento popular que ocorreu naquele lugar.

Vamos dar mais um exemplo bem mais diretamente ligado à educação. A educação, ainda hoje — vou procurar mostrar daqui a pouco —, é absurdamente autoritária, tanto a familiar quanto a escolar. Vou mostrar que ela vai quebrar — ou já está quebrando. Quando fui convidado para vir aqui, havia uma voz no telefone me dizendo — talvez exagerando um pouco: "Gaiarsa, venha aqui porque não sabemos o que está acontecendo; estamos todos muito perdidos!" Não estranhei nada, porque estamos muito perdidos em qualquer lugar e não só quanto à educação. Mas era assim: tinha um toque de pedido de socorro.

NOVELA NOVA ERA

Vejamos mais um modo de a televisão comprometer e ameaçar nossas sagradas tradições. Não se trata mais de romper apenas com autoritarismo, mas com todos os preconceitos sociais. De duas maneiras, uma muito óbvia: novelas de televisão, hoje em dia, já não são mais como as do tempo das pessoas boazinhas, com apenas um personagem pérfido e maldoso — desgraça do mundo. Hoje as novelas são supervanguarda. Estão adiante dos costumes das pessoas e estão dirigindo os costumes das pessoas.

Pelo sim ou pelo não, a televisão está alterando completamente os costumes sociais. Primeiro lugar em função das novelas, no Brasil. Em segundo, no mundo inteiro, através dos filmes. Mas eu diria que nossas novelas, como influência social, são dez vezes melhores do que os filmes americanos. Elas lidam sempre com família, com os poderosos, os que têm dinheiro, os que são sacanas, os que são malandros, os coitadinhos... Dá modelos de amor maravilhosos. Os romances e o erótico nas novelas são muito bem cuidados e muito bonitos. É bom que sejam, porque nós não sabemos amar, não sabemos acariciar, não sabemos beijar, para ser claro. A televisão dá modelos lindos. Paisagens maravilhosas, gente bonita, gestos bonitos. Mas essa influência, que muitos considerariam grande, vem em segundo lugar.

TODAS AS DECLARAÇÕES SÃO VERDADEIRAS

A primeira e mais fundamental influência da televisão para romper com todos os preconceitos sociais pode ser resumida na linguagem do famoso Marshall McLuhan, o homem tão falado e pouco compreendido quando diz: "O meio é a mensagem". Todo mundo repete esta frase, e eu sinto muito, mas acho que poucos sabem o que estão falando.

O que quer dizer "O meio é a mensagem"? Imaginem vocês, ainda influenciados pelo tetra, um jogo de futebol. Se vocês gostarem de música erudita, imaginem um concerto sinfônico. Nos dois casos vai acontecer parecido.

Vou ao estádio, escolho um lugar *e vou ficar naquele lugar e naquela distância o tempo todo. Isto é preconceito*: só tenho uma visão do problema e não posso ter outra. Ninguém num campo de futebol fica passeando, correndo para ver o jogo de lá, correndo aqui para ver o jogo daqui. Se vejo o jogo em casa, tenho "visões" as mais variadas — dez ou quinze câmeras com poderosas teleobjetivas. Elas me mostram o jogo do alto e em nível, de longe e de perto, de lado e de trás das traves, grandes ângulos e ângulos fechados... *E você começa a perceber — a aprender — que se pode ver qualquer situação de mil ângulos diferentes e de mil distâncias diferentes.*

Sobre uma Escola para o Novo Homem

Isso é liberdade intelectual — poder ver muitos lados da questão.

Preconceito é ver fatos de um só ângulo e sempre a mesma "distância". No caso, o meio é a televisão. E qual é a mensagem? A mensagem é: qualquer objeto, qualquer pessoa, qualquer situação podem ser vistos de mil ângulos diferentes e de mil distâncias diferentes.

Este ano aprendi com Leonard Orr — o "inventor" da técnica respiratória do Renascimento — um pensamento que exerceu grande influência sobre mim: "Todas as declarações são verdadeiras".

— Mas, então, não existe A Verdade? Não!

"Provar" que só há uma verdade é a mais clara expressão de tirania e fanatismo intelectual. Então — completo eu —, o que é a verdade? É a soma de todas as declarações que foram feitas.

A VERDADE É A SOMA DE TODAS AS DECLARAÇÕES

Quanto mais declarações você conhecer sobre o mesmo assunto, maior, mais ampla e profunda sua verdade. No caso da orquestra sinfônica, é parecido. Se vou a um concerto, estou em um lugar, fixo, e não posso sair dali. Não posso levantar toda hora, chegar perto do violino, dar a volta e ficar ao lado do bumbo —

ninguém pode fazer isso. Se o concerto vem pela televisão, surge uma panorâmica, a seguir a câmera desce para um instrumento, depois começa a correr sobre os violinos, quando entra o trombone ela o foca. É como se as câmeras fossem mil olhos vendo o espetáculo de mil ângulos e mostrando tudo para a gente.

É a mesma história daquele teclado que concentrou em si uma soma incrível de sons, acompanhamentos e contrapontos... Não parece, mas são coisas muito semelhantes. Todas elas concentradas no indivíduo.

COMUNICAÇÃO É MUITO MAIS DO QUE PALAVRA

*V*antagem adicional e importante da televisão: o título que mais aprecio e mais bem me define, como pessoa e como profissional, é "especialista em comunicação não-verbal". Além do que as pessoas dizem, há *o modo* de dizer, a cara com que se diz, o olhar a acompanhar a frase, o tom de voz, a atitude, o gesto a acompanhar a declaração. Se vocês isolarem a palavra de todo esse contexto — o gesto, a cara, a situação, o interlocutor —, vão ter exatamente a fala do computador ou do robô, como aparece no cinema. Ele não tem emoção nem expressão — ele só tem palavras. Só palavras — nem música, nem dança, se considerarmos música o tom da voz e dança o gestual que a acompanha

Por que isso é importante? Primeiro porque o não-verbal interfere na conversa muito mais do que se imagina. Garanto para vocês que dois terços das brigas de casal ocorrem por causa de caras e tons de voz, e não por causa de assuntos. Marido mandão, mulher desdenhosa e quanto mais. As mães vivem dizendo frases para os filhos (milhares de vezes) inteiramente inoperantes. Ao se achegar para falar com eles, elas se põem de humildes, cheias de justificativas, tentando persuadir, pedindo por favor. Em suma: pondo-se por baixo. Por isso o filho não liga. Ela é uma subalterna e ao de baixo não se dá atenção! A mamãe que chega desse modo para uma criança está dizendo: me domine, me controle, faça de mim o que você quiser, ou então ela é tomada pelo papel da mãe — e a criança, responde assumindo a atitude de filho. Aí só existe mãe e filho e não há a senhora Carmem e o Julinho. Só mãe e filho — dois papéis sociais bons para o palco social, mas inúteis para o *relacionamento pessoal*. Não só inúteis como também altamente perturbadores e deformantes para as relações pessoais.

Segundo fato:

DAR EXPLICAÇÕES É PEDIR DESCULPAS

Sem contar com o que todos sabem: a única pessoa que acredita nas desculpas que dá é a pessoa que está dando desculpas. Melhor prova de que ela está falando consigo e não declarando posições ou convicções.

Voltemos um passo. Vamos liquidar a televisão. Paro outra vez no futebol como exemplo, pois ele é muito presente. Dois reparos interessantes — um não vou explorar, mas apenas sublinhar. Nas partidas importantes, só respiramos quando a bola está fora de jogo, quando sai pela lateral ou pela linha de fundo. A bola entrou em jogo, todo mundo pára de respirar. Pára totalmente de respirar e fica estático enquanto o jogo não se resolve ou a bola não vai para fora. E ninguém percebe que isso está acontecendo. Digo mais: se vocês instalassem um respirador automático, como os de anestesia, de tal forma que vocês não parassem de respirar, o jogo não teria emoção nenhuma. Engraçado, não? Se vocês continuassem a respirar tranqüilamente vendo o jogo, poderiam apreciá-lo, mas não se emocionariam com ele. Sem perturbação respiratória não há ansiedade.

Vamos ao que importa. O que faz a TV, além do que já dissemos? De mais um modo ela ensina a ver. Há um gol. Por vezes nem percebemos como foi — tudo aconteceu muito depressa, grande embolamento e confusão na área. Aí a TV repete a jogada. Mostra de outro ângulo. Mostra em câmera lenta, congela a imagem para tirar dúvidas. É fantástico. A realidade fica enlatada e à nossa disposição. A qualquer momento podemos rever o passado com todos os detalhes. Depois de tanto mostrar, você entende perfeitamente todas as jogadas até chegar lá.

Que importância isso tem para a comunicação não-verbal entre as pessoas?

O sentido de uma palavra depende da cara, do jeito, do tom de voz e de tudo o mais; mas nós não temos muita consciência disso — não reparamos nessas coisas...

Gravações feitas com pessoas demonstram a impossibilidade de mentir. As pessoas só acreditam — ou fazem de conta que acreditam — em três alternativas.

A mais comum: a pessoa não está interessada no que você está falando; assim, tanto faz se você falar A, B ou C. As pessoas fazem de conta que acreditam

Dois: quando a pessoa está muito interessada naquela mentira. O caso clássico é o da esposa, ou do marido, que é a última a saber. Ou a mamãe que é a última a saber que a filha está grávida. Como ela não quer saber, ela não vê ou faz de conta que não vê.

Enfim, qual a terceira pessoa para quem você consegue mentir? É quem está interessado na sua mentira. Se a pessoa tem algum benefício com a sua mentira, ela acredita no que você está falando.

Porque se você está atento, olhando a pessoa enquanto ela fala, você percebe na hora quando a história não é bem aquela. Não que você saiba todo o pensamento da pessoa, mas você percebe que ela está mentindo. Hoje em dia há provas cinematográficas, quantas vocês quiserem, mostrando esse fato. Só que o disfarce se constitui quase sempre de gestos muito ligeiros, muito rápidos. Um sorrisinho, uma mudança na direção do olhar, uma inclinação de cabeça, um gesto da mão...

É nesse sentido que a televisão está nos ensinando a ver: quando se põe uma cena em câmera lenta, aprende-se a ver muito mais os pequenos gestos que as pessoas fazem.

Então, vejam que contribuição fantástica esse instrumento vem trazendo para a humanidade, nos aproximando da verdade, ensinando-nos a ver. Independentemente do conteúdo, pelo amor de Deus! Eu não falei de conteúdo de televisão, vejam bem. Eu só falei do meio — a televisão, a visão a distância.

Creio esteja insinuado com clareza: a humanidade, espontânea e coletivamente, está caminhando para valorizar o indivíduo e para ampliar o entendimento entre as pessoas, apurando a percepção uns dos outros. Quanto melhor a percepção da situação, melhor as possibilidades de mudar relacionamentos.

A EDUCAÇÃO VAI CONTRA A HISTÓRIA

Agora vamos tentar mostrar a antítese, mostrar quanto a educação escolar e doméstica é profundamente autoritária, limitante e preconceituosa. Portanto altamente imprópria para nosso mundo. Ela está indo em sentido contrário ao movimento coletivo impessoal. Não acredito haja um colegiado, não sei em que parte do mundo, governando tudo isso de que estou falando. Essas coisas estão acontecendo — quero crer — por uma reação espontânea da humanidade. De todos os seres humanos. Um movimento profundo da História que alcança e influi sobre todos. Formação de opinião, como se diz nos jornais e revistas.

Estamos reformando continuamente opiniões, decisões, posições e modos de ver. A família e a escola estão atuando em sentido contrário. Vamos examinar ligeiramente as duas instituições e ver em que medida elas são autoritárias e conservadoras.

Em primeiro lugar, quem decide o programa? É o aluno? Imagine! Imagine se existe um aluno no MEC para dizer o que uma criança quer. Imagine! É o começo do autoritarismo. O objeto primário da educação não está presente. Não digo nem que seria para dar opiniões; seria um pouco demais a opinião de uma criança de 5 anos determinar o conteúdo da educação de um país. Mas seria bem interessante conversar com ela para ver suas reações ao que está sendo proposto para lhe ser ensinado. Para saber que cara ela faz.

Para organizar nossos movimentos, usamos dois terços da nossa massa cerebral. Sem contar que Piaget, por exemplo, põe quase todo o aprendizado intelectual na base motora. O que você não fez com as mãos, você não consegue fazer com as idéias. Isso é um pequeno resumo de um dos lados de Piaget, que eu conheço pouco, deixe-me sublinhar. Se nunca pôs um objeto em cima de outro, a expressão "em cima" não tem sentido para você. Se nunca encheu um copo com água, você não sabe o significado de "encher". Se você nunca esteve embaixo de alguma coisa, não sabe o que quer dizer "embaixo". É seguindo os esquemas motores que fazemos toda a elaboração intelectual das palavras, das idéias, dos conceitos. *O cérebro manipula o significado e as conexões entre as palavras exatamente da forma e no limite em que o corpo manipula objetos.* Pobreza motora significa pobreza intelectual.

O que é um camarada quadrado, preconceituoso, formal? Você bate os olhos nele e logo sabe que diante dele só existe um caminho: a linha reta e para a frente. Ele é incapaz de zanzar, desviar, ter jogo de cintura, driblar, criar ou inventar. Não; é um homem de princípios! Ele fica sempre só no princípio e não avança mais para lugar nenhum. Esse ponto é muito importante e demonstra de uma forma claríssima o quanto a educação é autoritária, restritiva e insensível à criança. Qual é o modelo do bom menino? É o quadradinho, meio bocozinho, que não se mexe. "Ah, que menino bonzinho!" Ele está encapsulado. Isso é ótimo! Não dá trabalho para ninguém. Ele nem existe, cá entre nós. Qual é o diabo da classe? É o que sobe, desce, corre, puxa, pega o cabelo de alguém, joga uma bolinha, põe cara de sério quando a professora dá um berro; mas basta ela desviar o olhar e ele apronta outra. Este é extremamente saudável. Porque a marca concreta da individualidade e raiz da liberdade humana é esta: somos os animais mais versáteis do mundo em matéria de movimento. Quero expandir esta questão de outros ângulos. Ela me parece fundamental para a educação.

A meu ver, no curso primário pelo menos 40% do tempo deveria ser dedicado à educação dos movimentos. Quarenta por cento do tempo!

Educar tem pouco a ver com discurso, sermão e palavras.

Educar é limitar movimentos. O que a criança mais ouve na vida, na escola, em casa, da mamãe e dos outros, o que é? "Pare"!, "Não"!, "Não se mexa!"; "Fique quieto"!; "Fique no lugar"!; "Preste atenção"!; "Não suba"; "Não pule"; "Não se suje"; "PARE, pelo amor de Deus!"

E a criança vai parando, até ficar o normopata padrão, que é mais ou menos uma múmia ambulante. Que somos todos nós. Todos nós — quadradinhos, bem-comportados, fazendo, como num formigueiro, tudo o que é preciso fazer.

Educar é restringir movimentos. Acima de tudo. É controlar o comportamento, e não encher a cabeça com bons conselhos que todos repetem e ninguém faz. Nem a mamãe, que vive repetindo, faz aquilo que diz. Nem a mamãe, garanto para vocês. Acho até que para ser a mãe "que se deveria ser" era preciso pôr Nossa Senhora no chinelo. O pior é que algumas acham que são. As outras se matam, para ver se conseguem ser. E alguém vai pagar por isso. Ela, em primeiro lugar; os filhos, em segundo lugar.

Em nosso mundo tem sido assim. Falamos em liberdade de espírito, mas que a criança fique paradinha, sentadinha e pasmada. Aí ela pode ter liberdade de espírito. Ninguém pensa que sem liberdade de movimentos não existe liberdade de espírito. Corpo e mente estão profundamente associados (são uma coisa só). Todos sabem, mas ninguém diz. É tão óbvio isso: julgamos as pessoas pelo jeito e pela cara, de saída. Só que nós aprendemos a não levar isso em conta. Por quê? Quem é a culpada? Vou recompor o processo (do Gaiarsa, não do Kafka): por que é que nós sabemos muito bem como são os outros olhando para eles, e pouco falamos disso em público? Eu vejo muito bem o jeitão, a pose, a cara, o sorriso e não abro o bico. Chego para minha amiga e digo: "Aquela lá, que presunção, Deus me livre! Não tem outra igual". Chego para outra: "Nossa, como aquela fulana é invejosa!" "Você viu beltrana na festa?! Você reparou na amiga dela, verde de ciúme?" As mulheres vêem muito bem, muito melhor que os homens. Aliás, é bom que se saiba: intuição, em latim, quer dizer ver.

A MULHER NÃO TEM INTUIÇÃO. ELA VÊ

Enquanto o homem fala da sua competência, de suas opiniões políticas ou desportivas, de seu sucesso e espertezas — vendo quase nada do que o cerca, todo concentrado nele mesmo —, ao lado a esposa está monitorando a festa inteira. Na saída é uma conversa de surdos. Ela começa a dizer: "Nossa! Eu acho que fulana está namorando beltrano!" "Você está louca, mulher! Onde é que você viu uma coisa dessas!?" Ela, outra vez: "Eu acho que a outra estava com um ciúme danado!" A mulher vê o não-verbal. Ela percebe muito bem, mas tampouco fala diretamente com a pessoa.

Uma das grandes revoluções mundiais ocorreria no dia em que as pessoas dissessem, na cara, o que elas dizem na fofoca. Porque dariam para o outro um retrato muito mais fiel dele mesmo.

Seria boa uma relação entre homem e mulher, ou entre amigos, se um ouvisse o que o outro tem a dizer sobre você, sobre sua aparência — gestos, caras, voz... *O outro está te vendo por fora, e você não se vê por fora. Você não se conhece como o outro te conhece.* Esta é a tese básica de um livro meu chamado *O Espelho mágico*. É um livrinho, quase cartilha, pelo qual sinto real orgulho. Ele tem não só a aparência, mas a linguagem de uma cartilha; e esclarece alguns dos fatos mais fundamentais dos desentendimentos humanos. Hoje vocês vão ficar três horas aqui vendo minha cara, meus gestos, minha voz. Eu não vejo minha cara três horas nem em um ano! Vejo quando passo diante do espelho. Mas frente ao espelho raramente paramos para nos ver. Para ver como é nosso rosto, nosso olhar. Mais: se alguém diz ter se olhado muito ao espelho, os outros estranham.

No entanto, seria um bom costume olhar-se mais ao espelho; também muito bom ver-se gravado em videoteipe.

A maioria das pessoas, quando se vê, estranha. Vocês sabem disso. "Sou eu, né!? Mas esse olhar, essa cara..." Não nos conhecemos por fora, vamos insistir.

Onde começou essa história triste, de nunca dizermos o que estamos vendo? A culpada é a mãe. Sem a menor sombra de dúvida! Mostramos esse fato com clareza em um exemplo dado mais para o início desse livro. A mãe não se critica. Mãe não tem o direito de ter defeitos — mas as crianças demoram muito até compreender este mistério...

Mãe não tem defeitos. A vovó diz isso, a vizinha diz isso, a titia, o bairro, o cinema, a televisão diz isso, você ouve isso desde que nasce. Que mãe sabe tudo, que mãe só ama, que é uma maravilha. Todas são primas de Nossa Senhora. A *Bíblia* nunca disse isso, mas são.

NÃO É BOM DIZER O QUE ESTOU VENDO

*V*ou dar uma volta, e outro choque. Imaginem se eu chegasse aqui e começasse a conversa assim: "Minha mãe é rancorosa, invejosa, despeitada, vingativa, ressentida e maldosa. Ela persegue meu irmão pior que um Torquemada. Ela é injusta e preconceituosa". Vocês diriam: coitado do Gaiarsa! Que mãe ele teve! Pois eu juro para vocês de pés juntos — e, recordando meus velhos tempos, por esses olhos que a terra há de comer: *qualquer mãe, às vezes*, é despeitada, é ressentida, invejosa, rancorosa e vingativa. Por que eu garanto isso? Porque gente tem disso — só! E mãe, por estranho que pareça, continua a ser gente. Olha, mal dá para falar essas coisas. A gente fica estarrecido. Como podemos repetir, aparentemente com plena convicção, declarações tão falsas? De onde vem essa história? Notem: sobre serem falsas, essas declarações são enlouquecedoras em sentido próprio.

Estou dizendo para o garoto: "O que você VIU — a cara feia da mãe — NÃO EXISTE. Isto é, você é um alucinado!"

Todo mundo diz, a toda hora: mãe sabe o que faz. Se aconteceu algo ruim, a criança é a culpada. Se a mãe bate, é porque a criança fez algo errado. Mãe só ama os filhos. Mãe só tem virtudes. Mãe é uma metade — não tem sequer o direito de ter defeitos. Isso você ouve em todas as escalas, em todos os lugares, a toda hora. Isso dá para as mães um poder arrasador sobre os filhos. Repito, de uma tirania absoluta.

Vocês sabem, hoje em dia a televisão está — em tempo — mostrando a crueldade com que, tantas vezes, as crianças são maltratadas. Ignoremos, caridosamente, os casos mais graves de espancamentos brutais, inclusive de morte; fiquemos no cotidiano, na mãe que puxa orelha, que empurra, que grita, que dá palmadas, que não dá atenção, que é impaciente, que passa por cima, que briga. Isso é de todo dia e de todas elas. Mesmo as boas mães têm maus momentos. Mas não se pode dizer isso. Não podemos dizer o que estamos vendo. Esta é a essência da tirania. Não poder dizer o que se vê.

Exemplo chocante do outro lado: prostituta. Quando se diz prostituta, parece que eu já disse tudo e acabou-se. Mas existe prostituta magra, gorda, velha, moça, bonita, feia, inteligente, burra, graciosa, culta, ignorante, vaidosa, tímida, mandona, submissa... O fato de ela ser prostituta é apenas *um dos aspectos da pessoa,* que tem dezenas ou centenas de outros aspectos. Mas falou "prostituta" — Deus que me perdoe — é como dizer "mãe". Se eu disse a palavra, parece que já sei tudo. *Ver as coisas através das palavras preconceituosas é isso.* Esse é um dos modos de matar a inteligência infantil.

Dizem todos os iluminados do mundo que, se você não voltar a se fazer criança, você não entra no Reino dos Céus.

Sobre uma Escola para o Novo Homem

> **Se tenho de voltar a ser criança, tenho de apagar tudo ou esquecer o que me ensinaram. Tudo o que me ensinaram me afasta de Deus. E me afasta de mim. E não sei se são duas declarações diferentes.**

Voltemos um passo. Criança é muito bobinha e muito ignorante ou o adulto é presunçoso e cego?

Em que a criança leva uma vantagem incrível sobre nós? Ela ainda não sabe falar. "Infante" significa "que não fala". Graças a Deus ela nasce sem falar. Ela está nos olhos e não muito nos ouvidos. Se um dia chegar em casa um amigo de nariz grande, vocês sabem o que uma criança de 2 anos faz. Ela olha direto para o nariz, acompanha a visita até a poltrona, senta na frente e continua olhando. Pode até — horror! — apontar para a vítima e dizer: "Olha o nariz dele". E a mãe morre de vergonha.

> **Não diga o que você está vendo; não é de bom-tom. É nesse sentido que a criança é muito mais viva, mais esperta, mais criativa, mais inteligente do que o adulto. O adulto passou para o fracionamento da realidade, feito pelas palavras; a criança ainda tem a panorâmica da visão, capaz de ver muito, muito depressa.**

O que quer dizer isso? Consideremos um quadro. Mostro o quadro para vocês; para descrever esse quadro, tenho de começar de um ponto e falar de uma coisa por vez. Sem contar que várias pessoas, vendo o quadro, podem começar a desenrolar a descrição de modo bem diferente de mim. O pensamento verbal, como se diz hoje, é linear. Você precisa falar vinte minutos — e olhe lá! — para descrever um quadro. Em dois ou três segundos eu já vi. *O olhar é infinitamente mais veloz, mais global e mais abrangente que a palavra*. A palavra é inerentemente o mundo decomposto em pedacinhos, que eu ponho em ordem para passar ao outro. O visual é assim: olhou, viu tudo. A criança pequena ainda está vendo tudo. Ela é muito mais visual do que verbal. A conversa para ela é um jogo, ela está aprendendo, é um divertimento. Mas, graças a Deus, ela ainda não leva muito a sério a palavra — até os 4, 5 ou 6 anos; talvez até a época da escolaridade.

No entanto, vocês sabem, já é uma tendência sem retorno: quanto mais cedo a criança fala, mais feliz mamãe se sente. "Agora eu sei o que ela tem." Agora ela fala. "Dói aqui!" Ah, dói aqui, antes ela berrava, berrava e ninguém sabia o que estava acontecendo — porque ela não falava. Nós forçamos e reforçamos absurdamente o falar da criança. É prático: posso cozinhar conversando com a criança mesmo sem olhar para ela. *Mas não olhar é a primeira forma de não dar atenção*. Marquem bem este fato. Quando eu digo: "Eu quero atenção" ou "eu dei atenção" ou "eu preciso de atenção", basicamente o que estou pretendendo? Estou dizendo uma das frases mais comuns das crianças: "Olha pra mim!", "Manhê, olha pra mim!", "Olha", "Veja", "Me olhe!" O que tantas mamães tentam fazer desde o começo? É não ter de olhar tanto e poder falar — só falar. Isso é meia atenção.

Vejam vocês que diferença fantástica. A essência da educação é dar atenção. Ou trocar atenção. Vejam a diferença. Me imaginem falando com alguém olhando assim (de cima para baixo), ou assim (de viés), ou assim (de baixo para cima), ou assim (para cima e para um dos lados)... Conforme a direção do olhar, muda de todo a relação da pessoa com o outro. É o caso da desdenhosa, que é talvez um vício essencialmente feminino — é difícil achar um homem desdenhoso; só homossexuais são desdenhosos.

A desdenhosa tem a face e as sobrancelhas para cima, olha para baixo, para a direita e para longe. A pessoa olhada assim se sente uma minhoca. Por quê? Porque ela está sendo posta de lado, para baixo e para longe. É só um olhar, mais nada.

ALUNOS — OS DESENCARNADOS!

*M*ais coisas das relações mente/corpo, hoje tão faladas e sempre tão descuradas; na escola não se fala de atitudes, modos, maneiras, caras e vozes. A menos que se seja "muito mal-educado"! Aí é preciso "tomar jeito"! Tirando a muita movimentação da criança que perturba a classe, ninguém mais fala dos gestos e caras da criança, do modo como ela se exprime. Tampouco os professores cuidam do seu modo de falar com a criança. Algumas professoras, por contingências da vida, acabaram numa profissão para a qual não têm nenhuma inclinação ou aptidão — em primeiro lugar. Em segundo lugar, ver-se diante de trinta vândalos de 7 anos é uma senhora experiência. Algumas professoras ficam literalmente neuróticas, gritando a toda hora com voz estridente: "Silêncio!!! Não agüento mais!" Uma coisa espantosa, ficam lá dez anos, com toda essa gritaria. Ficam lá. Quer dizer, estão odiando aquilo, estão odiando o que fazem, estão odiando todas as crianças, mas estão lá porque precisam sobreviver. E os outros que agüentem.

Numa prova de habilitação para professores, se eu fosse examinador, iria cobrar boas maneiras, sim senhoras! Um jeito razoável e certas maneiras jeitosas de se dirigir a uma criança. Sem melar demais — como fazem algumas —, sem endurecer, sem estridência na voz, sem jeitão autoritário. Eu faria uma prova de atitude e gestuística da professora, para ver se ela tem capacidade de se comunicar com crianças, em vez de cortar a comunicação antes de ela começar. Porque há certas atitudes que fazem a criançada recuar logo de início. *Crianças são muito sensíveis a ameaças, mesmo sutis, mesmo de um simples tom de voz.* "Ih, aquela professora!" Aquela professora deveria estar em outro lugar, com toda a certeza. Se é verdade que uma imagem vale mil palavras, um gesto vale mil figuras.

A MÃE É O PIOR TIRANO DO MUNDO

*V*oltemos ao drama de outro modo. Todo mundo dá à mãe um poder gigantesco de oprimir a criança. Para quê? Para ela enquadrar a crianca e pô-la na gaveta que é preciso. A nossa educação até hoje, nossa família até hoje — gosto muito dessa definição (horrorosa!) —, *é uma oficina artesanal de produção de normopatas para o sistema.* Alguém quer escrever? Repito devagar: a família é uma oficina de produção artesanal de normopatas para o sistema. A função da mãe é reprimir pouco a pouco toda a espontaneidade da criança. Mas notem: sei muito bem que aceitar a liberdade da criança é a coisa mais difícil do mundo. Não tenho ilusões. Não estou dizendo que o outro lado é fácil — estou dizendo que este é muito ruim. Só.

A professora, se vocês pensarem dois minutos, tem qualificação social parecida: a professora sabe. Aqui já não se diz tanto que a professora sabe "princípios morais". Ela sabe aquilo que ensina; ela sabe Português, Matemática, Geografia, História. Ela sabe — e o aluno é um ignorante total! E a professora tem mil direitos e obrigações de ensinar este ignorante. Na verdade este ignorante, hoje em dia, nove vezes em dez, sabe muito mais do que a professora. Já dissemos: uma criança que assiste a uma semana de televisão (trinta horas) aprende assim mais do que em um semestre na escola. Aprende sobre o mundo inteiro, aprende de tudo. Não estou falando de programas educativos, não. Estou dizendo da programação usual.

Vamos fazer uma comparação ou duas para tornar isso mais claro.

Digamos que vou estudar — ou ensinar — a História de Roma (três meses, duas horas por semana). Aí, pergunto para o aluno: você sabe que cara tinha Nero? Você sabe como ele se vestia? Como era a casa onde ele morava? O que comiam os romanos? Tinham privadas? Quais as classes sociais? Se o professor de História quiser dar uma idéia exata de Roma, precisará não de 24 horas, mas de 240. Já se eu assisto a um filme de Cleópatra — embora egípcia, tinha muito a ver com Roma — numa só cena eu vejo caras, trajes, arquitetura, costumes, música, dança. Assim: pá! Se for falar o que vi em uma cena — voltamos à história do quadro —, eu teria de dedicar uma aula inteira para descrever um único momento da História de Roma. Então, me pergunto: como é que alguém ainda *fala* de História (no curso básico, não estou falando de historiadores). Estou falando sobre aulas de História. Hoje em dia, há filmes praticamente sobre qualquer época histórica. A meu ver, aulas de História são filmes. Não importa que seja ficção. Não importa que seja inexato. O problema não é História. O problema é que um filme mostra o que um livro jamais mostrará, e um professor, muito menos. *É sempre o predomínio do visual sobre o verbal.*

Escândalo público — essa bendita TV Cultura. Falo da de São Paulo, que antes de mais nada é rica. Obviamente rica, bem apoiada. Fizeram agora uma antena que é um monumento. Aula: o supletivo. Aula de supletivo na televisão. O que é que aparece lá? Um professor infeliz, de branco, com giz, escrevendo ABC no quadro-negro (ou branco) e falando, falando, falando! Na teleVISÃO!!! Eles, que têm comunicação com o mundo inteiro, provavelmente poderiam alugar, contratar ou comprar filmes bem-feitos sobre o que vocês quisessem. Em algum lugar do mundo alguém filmou tudo quanto é bicho, tudo quanto é experiência de Física, tudo quanto é substância química, todas as produções industriais... Pois na TV Cultura tem um cara lá dizendo "H_2SO_4 mais $NaOH$ vai dar pá, pá, pá, pá, pá..." Letra que dá letra. "Ah, que interessante! Deixe-me pegar esse ácido sulfúrico. Dá até para beber que não acontece nada." Porque não existe. A "aula" não mostra dois vidrinhos fazendo assim — uma reação química. Não mostra — na televisão — NADA. Só palavras!

Dizem-me de um programa recentemente iniciado, *O mundo de Beakman*, onde há muitas demonstrações visuais do que está sendo dito. Folgo em saber, mas ainda não vi.

Sobre imagens (visuais), mais um dado de fundamental importância: frente ao que vejo, é fácil me orientar e me colocar. Frente ao que ouço, não. Este parágrafo é um dos mais importantes deste texto todo. É a raiz do uso do desenho em psicoterapia, da análise dos sonhos e das fantasias. Lembremos: há 30 000 anos os homens já pintavam em cavernas. Não é simples coincidência — na certa.

Voltemos um passo, e vamos aterrissando. Insisti desde o começo: teria mil coisas a falar. Deu para falar mais ou menos 1%. (Então terei de voltar aqui umas 100 vezes mais ou menos, certo?) De qualquer modo, me tocou fundo isso de refletir sócio-politicamente — diante de professores — sobre a educação.

EDUCAÇÃO VERSUS (CONTRA) SOCIEDADE E HISTÓRIA

Creio não ter feito outra coisa, o tempo inteiro, senão ampliar este tema: em que direção a sociedade vai indo, o que está efetivamente acontecendo com as pessoas (principalmente com as crianças) e o quanto a escola e a famíla estão a milhões de quilômetros disso que está acontecendo. O que explica muito bem por que mesmo aqui, em Novo Hamburgo, onde, numa boa conversa com as responsáveis pelo departamento, pude ter uma idéia do interesse, do empenho e da eficiência que elas têm, ainda hoje, o nível de reprovação é de 20%. E, se vocês somarem ao nível de reprovação o nível dos que passam na tangente, vão chegar aos 40% ou 45%, com certeza, o que é um rendimento escolar mais do que precário. O que quer dizer que os alunos não estão interessados na escola. O que quer dizer que a escola não consegue despertar o interesse do aluno. Quase metade dos alunos está aí porque os pais mandam e porque é o costume; mas eles não estão nem aí. É isso.

Eu queria sublinhar muito: embora esta impressão tenha sido de meia hora, ela é de um sistema organizacional de excelente qualidade, de gente muito empenhada e interessada, gente simpática, que gosta de criança, que gosta do que faz. Eu diria que o sistema educacional aqui é um modelo para o país. Mas ele tem ainda esse nível de carência e de eficiência: quase metade dos alunos está na escola porque nada há de melhor a oferecer. Porque de gosto, com vontade e aprendendo...

Aliás, fui professor universitário três vezes. Parei depois de dois anos, nos três lugares, porque ninguém estava interessado naquilo. Em cada turma de cinqüenta pessoas havia dez que eram o pessoal "do gargarejo". Esses, interessados. Os quarenta, atrás, jogando batalha naval, pés em cima das cadeiras, óculos escuros, falando de política... Eu não consigo falar para um público desinteressado, mesmo quando ele está obrigado a me ouvir.

COMO ENTRAR NO REINO DOS CÉUS?

*P*ergunta: "O que o senhor faria para entrar no Reino dos Céus? Nós, professores, temos o pior defeito do mundo: achamos que sabemos alguma coisa. Então, nós vamos construindo, construindo, construindo e nos colocamos acima dos nossos alunos, não tendo talvez o devido respeito à sua sabedoria. Como chegar até eles? O que o senhor faria para entrar no Reino dos Céus?"

Você fez duas perguntas. Primeiro, como se entra. Eu diria: é só olhar para mim que eu já estou lá. É fácil ver no meu jeito que eu tenho muito de moleque; gosto muito deste moleque. Queria prevenir: muitas escolas de psicoterapia falam mal da criança interior, quando, na verdade, a melhor coisa que se pode fazer na vida é preservá-la, cultivá-la e começar a ouvi-la mais. Já é um começo de resposta para você. Olhe mais as crianças, ouça mais o que elas dizem. Mesmo que seja para rir, para brincar, para se divertir; não vamos também trocar de posição e achar que agora é ela a professora. Este é o primeiro reparo.

Segundo reparo: voltar a ser criança, no fundo, é o caminho da perfeição espiritual. Todos os que seguiram por aí foram nessa direção. Como é que se faz para ir atenuando todos os maus efeitos do condicionamento familiar, escolar e social? O iluminado é alguém que saiu da sociedade — é importante dizer isso. Ele não está mais aí. Ele não é cidadão normal, de jeito nenhum. Ele é um marginal, com toda a certeza.

Terceiro, vou dar um aviso meio chato, mas importante: hoje falei de um problema deveras central em educação; hoje à tarde não vou repetir isso para a outra turma. Lá vou discutir soluções. Convido todos vocês a dialogarem vivamente com a outra turma, porque vocês terão bastante o que trocar. Ontem eu dizia, na outra palestra: o pior peso da professora é o peso de tudo o que ela sabe — ou acha que sabe; segundo ela, é sua obrigação passar para os alunos o peso do que ela sabe — a questão do conteúdo. Isso é que pesa. "Eu tenho de lembrar este autor, esta data, esta época, esta fórmula. Tenho de lembrar para dizer para eles, porque eles precisam saber tudo isso — para me mostrar no exame, na prova."

O menos importante e, talvez, o mais prejudicial da escola é a transferência de conteúdos. Em primeiro lugar, é o que pesa mais para o professor, é o que pesa mais para o aluno — que tem de decorar, tem de saber mil coisas inúteis, pois vivemos num mundo tão absurdamente dinâmico que precisamos aprender a aprender. E não aprender sobre as coisas estáveis, permanentes, fixas. Não há nada estável, permanente e fixo. Eu diria que a solução é deixar de ensinar e brincar junto. Fico com essa. Aprenda com a criança a brincar, a rir, a cantar e a dançar. E quando ela perguntar diga o que você souber. *Se você a seguir, ela seguirá você, com toda a certeza. Se você a ignorar, ela vai te dar um trabalho infernal.*

OS SILENCIOSOS E OS SILENCIADOS

*P*ergunta: "Peço que o senhor nos fale um pouco sobre os silenciosos e silenciados".

Bonita pergunta. Você reúne talvez os dois extremos da humanidade. As pessoas silenciosas freqüentemente são iluminadas. Perceberam a infinita, não digo inutilidade, mas a complexidade da linguagem falada, que serve muito mais para nos perder do que para nos achar. Muitas razões, argumentos, persuasões e tudo o mais cansam, dividem, separam. Eu diria que o silencioso passou para a contemplação. Vejam a palavra: contemplação. Ele não pensa, ele contempla. Estou supondo que pensar tem tudo a ver com palavras. Pode não ser a mesma coisa, mas pensamentos e palavras estão muito juntos, inegavelmente. O silencioso passou da falação para a contemplação. Passou da boca e da orelha para os olhos e, portanto, para o silêncio. Ele vê, é o tal que está vendo o que tem embaixo do nariz.

O silenciado é o ser humano: todos nós fomos silenciados, em primeiro lugar, principalmente as crianças. Claro que "o silenciado" é um tipo, mas também é um aspecto de todos nós. Isso está um pouco na linha do que eu dizia: proíbe-se a criança de falar de seu sentir, de seu pensar. Quando se permite, bem no fundo não se leva muito a sério seu dizer. Eu diria assim: só quem não leva a sério a criança permite que ela fale muito. Não sei se me faço entender. Se alguém leva a sério mesmo, e escuta mesmo uma criança, vai ouvir poucas e boas — freqüentemente.

Ser silenciado é o produto final dessa imposição autoritária da qual estou falando desde o começo. Essa restrição de liberdade — vamos sublinhar — todos nós a sofremos. Alguns chegam ao limite: o esquizofrênico. Ele não é nada. Você, olhando para ele, vê que ele não é nada. Lembro-me, até hoje, de uma visita a um sanatório. Estavam mostrando coisas e veio correndo em nossa direção um rapazinho. Ele tinha até um andarzinho que lembrava um pouco uma gueixa. Um moço engraçadinho. Ele parou na minha frente, bem na minha frente. Alguém diria que ele ficou olhando para mim. Mas eu, que estava olhando para os olhos dele... sabem, os olhos são uma comunicação de um para um; se eu exprimir raiva para essa moça aqui, quem está a meio metro dela não percebe o olhar. A maior vantagem do olhar é esta: comunicação de um para um. Ao passo que, se eu falar, todo mundo ouve. Pois o rapazinho chegou para mim, na minha frente. Quem estivesse de longe diria: "Nossa! Ele olhou para você". Ele não olhou. *Ele olhou através de mim*. Sabem o que quer dizer? Em vez de os olhos convergirem para o meu rosto, passavam paralelos, como se ele estivesse vendo alguma coisa a um quilômetro de distância. Ele estava na minha frente, com os olhos voltados na minha direção, mas seus olhos estavam paralelos. Ele não estava me vendo. Minha conclusão: nunca alguém olhou para essa pessoa. Ele não sabia o que quer dizer "olharam para mim" nem sentiu quem lhe dissesse, olhando nos olhos: "Ah, é você". Não havia "você" nele. Uma coisa terrível de ver, esse olhar aparentemente tão atento e, na verdade, completamente alienado. Esse sim foi silenciado — até de olhar!

E sobre isso de silenciar: o que foi feito conosco no lar? O que fazemos na escola?

Quando vemos um caso dramático num filme, de alguém que foi criado numa torre e ficou esquecido dez anos, nos compadecemos. A maneira mais fácil — sobre certos aspectos, mais barata — de valorizar-se é, de um lado, depreciar o outro. De outro lado, é dizer: "Coitado! Olha *ele* foi silenciado. Precisamos dar-lhe voz." Em vez de a pessoa dizer: *nós* fomos silenciados — vamos ver se nós conseguimos conversar. Repito: um pouco de tudo todos têm. E não é só lá que tem a desgraça, a miséria, a pobreza, a ruindade, a vingança, a agressão. Aqui também tem. Então era muito melhor falar "nós", e não "olha o coitado", o miserável, o favelado. Eles são nós...

Pergunta: "A que o senhor atribui a falta de limites da sociedade e da criança?"

"Que perguntinha safada! De quais limites você está falando, antes de mais nada?"

"De respeito, de até onde eu posso chegar com meu próximo, de violência."

Duas respostas. De novo eu digo: assistam um pouquinho a *Éramos seis* (a história acontece entre 1910 e 1940). Naquele tempo, e nos seus termos, as pessoas se respeitavam muito. Demais. Mas de uma forma incrivelmente embaraçosa para todos. Eram muito formalistas, cuidadosos demais com o outro — como se relações pessoais fossem de vidro, muito fáceis de quebrar. E eram! Não queria viver naquele tempo, no qual — dizia-se — as pessoas se respeitavam. Aquele tipo de respeito eu não quero para mim. Nem desejo para os outros.

Sobre uma Escola para o Novo Homem

O outro respeito é o da competência pessoal, e para mim não existe nenhum outro. Quando digo "me respeite porque eu sou mais velho", já falhei na vida. Aliás, fazendo assim você está convidando o outro a duvidar de você. Dizendo "me respeite porque eu sou professor", você não é ninguém. Se alguém obriga ou pretende obrigar o outro a respeitá-lo em função de um título, cargo ou posição, é porque sua pessoa não existe — e porque, na certa, ele não se respeita!

Ou você consegue se fazer respeitar, ou não tem outra solução. Qualquer outro respeito é uma falsificação e uma coação. Ou você tem um jeito, uma cara, um modo — pelo amor de Deus, não precisa ser uma carranca, um horror, um monstro. Não, você pode até ser, digamos, risonho como eu.

Apelar para títulos de respeito é a primeira confissão de que o outro não me respeita, de que não consegui me fazer respeitar.

Voltando à questão da cara séria. Usa-se muito como elogio a expressão "aquela pessoa é séria e respeitável". No nosso mundo quem é sério e respeitável é tido em altíssima conta.

SER SÉRIO E RESPEITÁVEL É A ESSÊNCIA DA NEUROSE

A pessoa faz sempre o que se espera dela, tem sempre a mesma cara, tem sempre a resposta que você imagina! Ela não é ninguém — outra vez. Ela é só uma casca — séria e respeitável. Um ator!

Uma das piores coisas que fazemos contra as crianças é matar sua alegria. Imaginem a tal professora meio antiga — espero! — muito "eu sou professora", entrando na classe, e o moleque pondo um sapo na gaveta.

> E todo mundo rindo. Não há melhor jeito de acabar com a falsa autoridade do que rir dela. E é por isso que nós matamos o riso da criança: para ela não rir de todas as bobagens que nós fazemos com uma seriedade incrível.

"Olha, não ria de mim porque você começa a duvidar do que eu também duvido, que é a minha pose." As pessoas não confiam em quem é alegre. "Olha, ele até que é um bom médico. Mas ri demais, brinca com tudo; não sei se ele é tão bom assim..." Você não pode ser alegre, porque você perde a confiança, não de todos, talvez, mas de muitos. E as pessoas esquecem que há horas para ser sério e há horas para não ser sério — *a declaração mais óbvia do mundo.*

Vamos cuidar de um assunto, vamos cuidar a sério. Acabou o assunto, vamos rir, brincar, contar uma anedota, fazer imitações, tomar um sorvete.

> Talvez o preconceito central do nosso mundo social seja: eu quero encontrar você sempre aí, sempre do mesmo jeito e com a mesma cara. Se todos fizessem assim, nós teríamos a mais completa segurança do mundo, vivendo num universo de múmias absolutas.

Só quando todos fossem múmias ou insetos é que nós poderíamos ter a segurança que desejamos.

FELICIDADE OU SEGURANÇA — ESCOLHA!

$\mathcal{E}$ não existe maior inimigo da felicidade do que a segurança. Quem quer felicidade segura, desista. "Ah!, agora vou casar e ser feliz para sempre." Sei... daqui a um ano volte aqui e converse comigo, para vermos como você está feliz. "Agora ele é só meu. Só meu — para sempre!" *(Risos.)* É para rir mesmo. "É meu, viu? E, junto, aquele olhar de policial desconfiado. E chamamos isso de amor!

Só posso me sentir seguro quando só faço o que já fiz — assim e só assim sei como é. Mas, bem lida, essa frase diz assim: para me sentir seguro preciso — só posso — viver no passado, somente e sempre no passado. Só sei o que já *fiz*. E se me repito muito começo a deixar de *me* perceber — vou me fazendo inconsciência-tédio. Só sinto felicidade quando estou fazendo o que nunca fiz, quando vivo surpreso e em contato com tudo o que sucede. Quando me sinto como criança... o adulto é seguro — e entediado. A criança é surpreendente — e feliz.

Perguntas:

1) "Por que a criança da periferia não gosta da escola, não tem interesse? O que podemos fazer para mudar essa realidade?"

2) "A que se atribui esse alto índice de reprovação existente nas escolas?"

Mais da metade do que falei responde a essas perguntas. A criança não tem interesse na escola porque a escola não tem interesse na criança, não a compreende, não a acompanha, não a ama. Ela tenta impor. E crianças ainda são sofrivelmente saudáveis para não aceitar essa imposição ou, pelo menos, brigar contra ela.

Quanto à segunda pergunta: para mudarmos essa realidade, a grande direção é muito mais "vamos aprender juntos" do que "eu vou ensinar você".

Vamos ser radicais: chegar à sala de aula e dizer: "Gente, o que é que nós vamos fazer agora?" E vamos ver se há consenso, se uma maioria resolve, se algo é proposto ou não. Não esqueçam que vivemos num mundo altamente mutável. O último século trouxe mais mudanças para a humanidade do que todo milhão de Pré-História e os 10 000 anos de História da civilização.

Em segundo lugar, tenho seriíssimas dúvidas de que os pais ou professores tenham, HOJE, o que ensinar para as crianças. É um mundo tão novo que nós estamos tão ou mais perdidos do que eles. Fazer a pose de que eu sei como se faz, eu sei como é certo, só pode ser pose, ingenuidade ou ignorância. É fundamental o "vamos juntos". Não é mais um luxo, não é uma técnica pedagógica especial. É a mais imperativa das necessidades no mundo de hoje. Vamos repetir: a criançada que vê televisão — em conjunto talvez mais do que os adultos — aprende mais em uma semana de televisão do que em um mês de aula. O problema, então, é fraternizar, é baixar, é dizer "vamos juntos", e não "eu vou ensinar e você tem de aprender". Começa, aí, o tal falso respeito. O respeito imposto meio por medo. "Se você não fizer eu te reprovo ou te ponho para fora." Está na hora de usar Skinner: é bem mais fácil conseguir mudança de comportamento premiando o desejado do que punindo o indesejado.

Pergunta: "Na sua opinião, para que servem os ídolos? Por que essa necessidade tão grande de viver de passados gloriosos e mentirosos?"

Vamos separar um pouco. Vamos separar os ídolos tradicionais, históricos, os chamados grandes homens — dos quais dois terços pelo menos eram psicopatas e megalomaníacos (estou ressalvando um pouco filósofos, cientistas e artistas). A segunda parte da pergunta aplico a estes.

Agora, "para que servem ídolos" pode ser pergunta de interesse pedagógico atual.

IMITAR É COMPREENDER

Ela vai direto ao coração da psicologia e da psicoterapia moderna. O homem é um animal racional só nos livros. Na vida, quase ninguém é muito racional. *Segundo: nós mudamos infinitamente mais seguindo modelos (identificações) do que compreendendo ou explicando coisas*. Qualquer pessoa que nos anime, entusiasme, que prenda a nossa atenção já deixa uma marca e começamos a ser um pouco parecidos com ela. O estudo dos ídolos poderia ser traduzido para "estudo de modelos". Fica mais manso e talvez mais no chão. Eu não sei fazer melhor se não vejo alguém fazer melhor. É muito difícil inventar reações excelentes e muito difícil inventar reações novas e excelentes todo dia.

É um dos elementos importantes da solidariedade humana: imito aquilo que eu gosto. Isto é seguir um modelo. À custa da somatória das imitações, vou construindo minha personalidade. Então separemos bem os ídolos históricos, obrigatórios, compulsórios (temos de respeitá-los porque senão...) do seguir simplesmente ídolos que eu adoto, aprecio, de que gosto — ou de que preciso! Todos os sentimentos humanos têm função — também os "maus". Aprender a ser mau — quando necessário — é tão importante quanto ser bom. Daí nossa admiração também pelos "maus exemplos", pelos amigos dos quais mamãe não gosta...

Troca de ídolos é um bom tema. Quanto aos ídolos do passado, era bem bom se começássemos a dizer um pouco mais a verdade sobre eles. Como duque de Caxias na Guerra do Paraguai, que nem sei se ainda se estuda. É preciso deixar bem claro isso: herói guerreiro é herói assassino. Ele matou, fez o diabo, fez um monte de coisas. Não é uma pessoa para ser admirada. É verdade que ele não fez isso porque quis — ele não tinha tanta autonomia assim. Mas, afinal, ele acabou representando um poder opressivo brutal, que é o da força. Faça como eu quero, senão eu te mato. Não sei como é que se vai admirar uma coisa dessas. É bom desvalorizar esses ídolos do passado. Enfim, o principal: segundo os neurolingüistas, imitar alguém é o melhor modo de compreendê-lo e se você *não* conseguir imitar alguém passe de lado e não insista. Não é com você nem para você.

Pergunta: "Que tipo de democracia prega a Globo quanto à politização, uma vez que elegeu Collor no último pleito político? Até que ponto o Ibope é verídico?"

Ao dizer que a Globo faz um plebiscito a cada quinze minutos e, por isso, é a instituição mais democrática do mundo, muitos ficam indignados. Eu não estou defendendo a Globo, pelo amor de Deus! Todo mundo diz que "ela devia fazer diferente". *Se ela fizesse diferente, não teria a audiência nem o poder que tem. É só essa a resposta. A Globo é completamente vendida pelo dinheiro, como tudo o mais em nosso mundo.* Repito: as pessoas que criticam a Globo — aqui vai uma cutucadinha pessoal — põem uma pose que parece estar dizendo: "Se eu dirigisse a Globo, faria outros programas — muito melhores". Vou até acreditar. Mas não sei se esses programas teriam audiência. Este é o ponto crítico, minha gente. A Globo tem de agradar porque ela precisa ser vista. E mais — as pessoas falam muito da seletividade da Globo nos telejornais. Assisto, variando dia a dia, a três ou quatro telejornais de várias emissoras. Não vejo grande diferença entre os noticiários da Globo, da Manchete, da Record, do SBT. E não acredito muito nessa supertendenciosidade da Globo.

Se o telejornal da Globo fosse completamente diferente dos outros, não daria nem para pensar. Afinal, o noticiário diário tem aqueles pontos altos que todas as emissoras repetem. A Globo tem uma força espantosa, a força que ela ganhou satisfazendo os desejos de todos. Se vocês querem saber o que o Brasil deseja, vejam a Globo. Seus programas são o retrato do que o povão brasileiro exige na televisão. A Globo somos nós.

TV GLOBO — A MAIOR ESCOLA DO MUNDO!

Quero insistir muito: não defendo a Globo como a melhor coisa do mundo — nem de longe! Mas ela está aí e representa a vontade da maioria. Ela é uma democracia (numérica) estrita. Basta dizer: como no Brasil existem 35 milhões de televisores (ou pouco menos, em 1994), isso significa que dois terços da população do Brasil assiste à Globo. Cem milhões de pessoas — três para cada televisor. Não há escola no mundo capaz de competir ou ser comparada a ela. *É a maior escola que já existiu no mundo.* Creio não exista nenhuma outra audiência, em nenhum outro país, maior que a da Globo nas horas de pico. Enfim — e principalmente!: *é uma escola na qual todos "vão" porque querem e não por terem sido obrigados.* Tampouco recebem título ou vantagem alguma por isso! Precisamos é aprender com a Globo e não ficar dizendo que ela não presta.

Perguntas:

1) "O senhor disse que a educação é extremamente autoritária. Também disse: quando damos explicações aos filhos estamos pedindo desculpas. Então, como proceder?"

2) "Dar aula com música favorece ou não a aprendizagem do aluno?"

3) "O que o senhor acha do construtivismo?"

Vou de baixo para cima. Não faço quase idéia nenhuma sobre o termo construtivismo. Não tive chance de passar por aí, então não vou dar palpite. Não tenho competência, simplesmente.

A segunda: música. Poderia ajudar. Vários métodos de aprendizado acelerado usam música de fundo como um elemento essencial para o aprendizado. Com um reparo: é claro que a música de fundo não pode ter letra em língua nacional. Senão, entram duas linhas de pensamento verbal — uma salada completa. Em princípio, teria de ser música orquestral. Pode ser até popular, mas eu fugiria — sinto muito — das muito populares. Se você ouve uma música muito popular, você começa a cantar. E, se você não canta aqui (boca), canta aqui (cabeça). Portanto, há restrições. Isso é assunto para especialistas. Hoje em dia existem musicólogos e musicoterapeutas. Eu só diria que poderia ajudar e muito — o que responde à pergunta (2).

Enfim, como fazer para não pedir desculpas? É falar *bem menos* na hora de querer algum comportamento do filho; é falar curto, firme, olhos nos olhos.

Atitude de autoridade e convicção pessoal — não a força da mãe, mas a da pessoa! As mães são autoritárias porque têm apoio coletivo para fazer o que quiserem. Nesse sentido, é inegável que elas têm uma força de autoridade, que não é pessoal, vejam bem. A força da mãe não é a força da dona Maria. Assim como a força do presidente é muito maior do que a força do Itamar. A mesma coisa com a mãe: não confundam a força da mãe com a força da dona Maria. A mãe tem todo o apoio a qualquer medida autoritária que ela dite, mas, na verdade, no cotidiano, as mães vivem atrás dos filhos meio dando bronca, meio *pedindo* — quase suplicando — que façam ou deixem de fazer isso ou aquilo. Às vezes eu chamo as mães de bobas. Como é que elas aceitam uma história dessas? De ganhar uma batedeira de bolo no Dia das Mães e carregar, no resto do ano, a família nas costas — resmungando, achando ruim, fazendo fofoca e fazendo bolo?

Pegunta: "Xuxa é ou não um modelo?"

Ontem escrevi um ensaio meio inspirado. Estava vendo um pouco do *Domingão do Faustão* e um restinho do *Silvio Santos*. Também estava e ainda estou um pouco escandalizado com a superficialidade dos shows. Aquela montanha de bobagens, engraçadinhas, mas tolas. Trajes supercoloridos, música animada, muita vivacidade. Eu diria que a Xuxa é tudo isso e só isso. Aí é que está. Estou começando a crer que é positiva, no seguinte sentido: precisamos voltar a pensar muito mais numa educação que nos faça felizes do que numa educação que nos faça competentes. Dá até um belo encerramento essa história. Se existe um cara infeliz no mundo é a pessoa "bem-sucedida" que trabalha 48 horas por dia. No entanto, em nosso mundo, só ela tem sucesso e ganha dinheiro. Esse é outro dos conflitos centrais da educação. Vamos educar para que as crianças vivam felizes ou vamos forçá-las a enfiar na cabeça um mundo de coisas descabidas? O que é que todos esses espetáculos superficiais da televisão estão dizendo? O que os programas, principalmente os shows de televisão, mostram — canto, dança, brinquedo, colorido e luz — está ativando a nossa criança. Nós não damos importância a eles como não damos importância às crianças. "Elas vivem cantando e dançando porque são bobas, porque não sabem da vida, porque não têm cabeça." Isso é um erro fundamental. Reprimimos a alegria e o entusiasmo da criança — e ele reaparece na TV. Então repito para vocês — e eu espero que essa mensagem fique, pois é a coisa mais bonita de tudo o que eu disse até agora — uma frase de um Evangelho apócrifo. Não sei se vocês sabem o que quer dizer esse palavrão. Logo depois que Cristo morreu, apareceram vários relatos sobre sua vida. Alguns mais realistas, outros muito fantasiosos e poéticos. A Igreja Católica escolheu quatro e disse que eram autênticos. São os conhecidos: Lucas, João, Marcos e Mateus. Esses são "verdadeiros", os outros são apócrifos — não são verdadeiros. Pois num desses que não é verdadeiro achei a frase que ficou e ficará para sempre em minha alma e em meu coração:

"Quem não souber cantar e dançar não entenderá nada do que foi feito. Porque o Criador fez todas as coisas cantando e dançando".

Tchau pr'ocês!

AVANÇANDO

Novas palestras para novos grupos de professores nos permitiram avançar, esclarecer e até operacionalizar várias sugestões feitas ao longo do texto.

As críticas à pseudo-educação familiar absorveram espaço demais, deixando certo vazio, ou levando a restrições no tempo de propostas mais concretas.

Queremos começar por aí mesmo, pela família — de novo!

Parece descabido tanto falar mal da vetusta instituição para professores. Alguém — ingênuo — poderia pensar: o que tem a família a ver com a escola? De há muito, na mente de quase todos, família é para educação do cidadão e dos sentimentos, para o aprendizado dos costumes sociais; a escola é para aprender conhecimentos mais formais, aritmética, geografia, ciências e mais.

Mas se o leitor acompanhou sem choque demasiado nossos reparos supercríticos sobre a família; se ele conseguiu se sobrepor aos preconceitos gravados a fogo em todos nós sobre pai e mãe; se ele conseguiu compreender e aceitar quanto dissemos sobre os cinco primeiros anos da vida, então será fácil para ele compreender o quanto a preconceituação familiar interfere pesada e tenazmente contra a formação de uma inteligência lúcida, de uma percepção clara e ampla da realidade, de ligações afetivas mais espontâneas, mais verdadeiras, mais condizentes com o desenvolvimento da personalidade.

Estudando e sofrendo há meio século quatro famílias pessoais e mais de um milhar de famílias de clientes, comparecendo a dezenas de congressos e grupos de estudos sobre esse tema, lendo muitos livros, terminamos por nos convencer de quanto se faz imperativo desfazer, atenuar ou resignar a educação havida no lar. É bem verdade: a família é a primeira escola da vida — e que escola!

O professor também é uma autoridade aceita, com poderes que vão muito além de sua competência profissional e pessoal. O professor é quem sabe. Seria por demais importante aproveitar esta força para atenuar a da outra instituição, ela também tida e aceita como educativa.

Como fazer — além do que dissemos sumariamente no texto?

No primário, trata-se mais de demonstrar para os alunos atitudes críticas diante dos preconceitos — sobretudo os que se referem às mães. Com um pouco de amor e ironia — como diz Lin Yutang —, vamos falar de mamãe mais levemente, sempre que o tema se propuser. Que o professor fale de família como se fosse um objeto comum de estudo, sem atitudes de admiração excessiva, com modos e palavras permissivas em relação a críticas aos pais, deixando claro que eles não são santos nem infalíveis; até que eles podem ser prejudiciais no seu empenho meio cego e no uso do poder que lhes é conferido.

Lembremos mais um fato: educar filhos e conviver com um estranho do sexo oposto durante vinte ou trinta anos são as duas tarefas mais difíceis da vida. *Onde aprendemos a nos desincumbir dessas tarefas?*

> Como não existe uma escola de família a facilitar comportamentos alternativos ou simplesmente mais variados, pais e mães repetem com seus filhos quase tudo o que foi feito com eles pelos seus pais — e família se faz cada vez mais anacrônica —, isto é, cada vez mais atrasada em relação ao ritmo das mudanças sociais.

A adolescência é um segundo período de certa fusão espontânea da personalidade, época em que tentativas de modificação de comportamento e convicções ainda são possíveis.

É bem sabida a tendência dos adolescentes de criticar seus pais e os demais costumes do mundo adulto — *e com toda a razão!*

No secundário seria imperativo instituir uma cadeira chamada "Estudos sobre a Família" ou um capítulo muito importante da Educação Moral e Cívica (se esta ainda existir).

Nesta matéria, os alunos seriam convidados a exprimir e a discutir, com clareza e sem restrições, seu sentir e seu pensar sobre pais, irmãos, mãe e parentes em geral.

Seriam solicitadas pelo professor descrições de costumes maternos e paternos, *do comportamento real e concreto de pais e mães,* assim como os resultados desses comportamentos sobre os adolescentes, seu pensar e seu sentir.

Fundamentalíssimo: evitar com o máximo de cuidados a interferência de frases feitas sobre o tema. Sugerimos um jogo: "Falem de sua família, mas NÃO usem nenhuma das seguintes palavras: certo e errado, culpa, obrigação, normal, dever (você devia...), pai e mãe. Chamem seus pais pelos seus nomes próprios".

Tentem... Logo verão quão difícil é este jogo de aparência enganosamente fácil.

O que se pretende com estas aulas?

Diminuir a influência dos costumes familiares sobre as pessoas — *finalidade de toda e qualquer psicoterapia*, convém dizer.

A técnica tem muito a ver com a neurolingüística, com a influência poderosa das palavras sobre sentimentos e comportamentos.

Enfim, 90% da influência familiar depende da sugestão, do fato de todos dizerem todos os dias mil frases de reforço para esses preconceitos.

Lembrar o que dissemos páginas atrás sobre a péssima influência desses preconceitos sobre a inteligência e os sentimentos, quanto eles deformam a percepção e a inteligência, quanto nos treinam e impelem na direção da hipocrisia coletiva e quanto podem nos desencaminhar na vida. Enfim, quanto pesarão na futura educação familiar dos agora adolescentes, quanto poderão contribuir para a edificação de um futuro melhor, mais humano, mais amoroso, mais cooperativo.

Há muito tempo propomos a fundação de uma "Escola de Família". A escola existente pode iniciar a tarefa — sem grandes mudanças curriculares, mas, na certa, *tornando imperativa a reciclagem dos professores, todos eles vítimas dos preconceitos que se pretendem afrouxar.* Este ponto é sobremodo crítico, pois tais preconceitos são mais do que tenazes, exercendo influência ampla e profunda sobre o pensamento de todos, sobre a organização das instituições, inclusive sobre política.

EDUCAÇÃO FÍSICA — DE VERDADE

*R*ecorde o leitor nossa descrição do aparelho locomotor feita bem no começo do texto. Até hoje a chamada Educaçao Física se mostra fortemente contaminada, seja pela noção de competição esportiva, seja pela noção machista e militar do fazer muita força, cansar-se, amanhecer quase inválido no dia seguinte. Aí a malhação foi legal... Aliás, os exercícios anaeróbicos, aplicados sem a menor discriminação, podem ser altamente prejudiciais.

A Educação Física sabe bem pouco e preocupa-se ainda menos com o físico... Basta comparar a maioria dos exercícios e das atividades esportivas usadas aqui no Ocidente com as técnicas equivalentes do Oriente para perceber diferenças deveras espantosas entre umas e outras.

No Ocidente, o essencial é a força, a rapidez, o esforço no limite, o exaurir-se para conseguir a vitória a qualquer preço. Os movimentos são duros, angulosos, violentos. Para nós, educação física é deveras uma luta. No Oriente, todos os movimentos são lentos, suaves, conscientes, controlados, graciosos, eficientes, precisos. Os modelos orientais são de longe melhores do que os ocidentais sempre que se fale de verdade sobre *educação dos movimentos e posturas*. E não se imagine esteja eu preso a preconceitos orientalistas; falo como conhecedor de fisiologia muscular em moldes de ciência ocidental — *mas centrado muito mais na sensibilidade e coordenação muscular* do que em resultados mirabolantes a qualquer preço.

PROPRIOCEPÇÃO

Minha palavra-chave, praticamente desconhecida tanto por professores ocidentais como orientais, é *propriocepção* (sensação de si mesmo, sensibilidade muscular, sensibilidade articular, cinestesia, cenestesia — todas sinônimos para mim). Só em tratados de Neurologia encontramos referência a esta categoria sensorial — nosso *sexto sentido*.

Nosso aparelho locomotor não apenas faz ou executa; ele *sente* tudo o que faz e *sabe* tudo o que faz — pela propriocepção. É ela que nos *diz* a cada momento e em todos os momentos qual a atitude ou postura em que nos encontramos e quais os gestos e movimentos que estamos executando.

Não preciso olhar para meu corpo para saber como estou — em que posição. Essa consciência motora é de inestimável valor *psicológico*. Se bem me percebo, então sei quais minhas intenções (intensão = em tensão), principalmente as chamadas intenções inconscientes — *as que NÃO estão em minha mente, mas aparecem com toda a certeza em meus movimentos e expressões*. Não posso *me ver* por fora, mas o que mostro por fora posso muito bem sentir por dentro — como percepção consciente.

Educar a propriocepção é ensinar a perceber minhas intenções — aquelas de que nos falam os psicanalistas, tudo o que em nos é inconsciente para nós.

Uma verdadeira análise — basta ter onisciência do corpo. É isso que se evita na educação física do Ocidente e o que se busca nos exercícios do Oriente: como melhorar a personalidade aprendendo a sentir nossas intenções e coordenando melhor nossos gestos e expressões.

Lembramos W. Reich, discípulo de Freud, o psicanalista que fez a análise da comunicação não-verbal, mostrando o quanto mostramos para os outros, em nossas expressões, tudo o que fazemos automaticamente — "sem perceber". Os automatismos são a própria substância do inconsciente.

Como se faz para educar a propriocepção?

É fácil. *Uma das melhores técnicas é executar movimentos de olhos fechados e em câmera lenta.* Melhor ainda se *nem na consciência* houver imagem do movimento que está sendo executado. Se o leitor lembrar quanto já viu ou fez de ioga e tai chi chuan saberá do que estou falando. Mesmo nas lutas marciais, quando podem ocorrer movimentos muito velozes, o aprendizado da composição mecânica do movimento se dá em movimentos lentos.

Podemos ver (nos outros ou em espelho) nossos movimentos rápidos, mas não podemos *senti-los*; por isso, não conseguimos corrigi-los nem melhorá-los. Mesmo esportes padronizados, futebol, vôlei, bola ao cesto — todos eles podem ser melhorados com ensaios de movimentos em câmera lenta, quando se permite aos estudantes que sintam como compõem suas tensões musculares a fim de obter o efeito desejado.

Além destes — fáceis de fazer, mesmo sem mudança alguma de currículo —, existem muitos outros, mais específicos, capazes de ampliar e aprofundar a propriocepção.

Seria ainda fundamental em Educação Física realizar exercícios de relaxamento sistemático e de alongamentos igualmente sistemáticos.

Saber e poder relaxar sempre que necessário é muito bom para qualquer pessoa (antes e durante exames, por exemplo).

E OS ALONGAMENTOS — PARA QUÊ?

*P*raticamente todas as doenças psicossomáticas estão ligadas a tensões musculares crônicas das pessoas. Ao me "conter" (com-tensão), contraio, querendo ou sem querer, muitos músculos — os que impedem o desejo ou a vontade de fazer ações, tidas ou aprendidas como proibidas. "Isso não se faz" — e em vez de fazer eu "me seguro" — contenho.

Quase todas as pessoas se mostram ante exame cuidadoso, encolhidas ou contraídas, em maior ou menor grau, nestas ou naquelas regiões do corpo.

ENCOLHER-SE É A ESSÊNCIA DO MEDO

*S*e a tensão (muscular) é a essência da neurose, o primeiro remédio é o relaxamento, mas o verdadeiro contraveneno é o alongamento — o contrário da contração.

Por isso será essencial fazer muitos alongamentos com os alunos — *e com os professores***. Porque, se libertarmos os movimentos contidos nas crianças, será preciso desamarrar os adultos próximos para que consigam acompanhar o bando de vândalos felizes e alegres...**

Professores encouraçados jamais conseguirão aceitar crianças e, quanto mais espontâneas elas forem, pior para o professor. Ele se sentirá continuamente ameaçado por elas e — o que é pior — elas conseguirão facilmente levá-lo ao desespero...

Encolher-se é a essência do medo — e gera ansiedade ao dificultar a respiração.

Mas não pára por aqui o trabalho corporal a ser feito na escola.

Falamos em ansiedade.

Comecemos falando desta "nova doença" — a do pânico; é tida como moderna, mas não deixa de ser uma *crise aguda de ansiedade* — uma das piores sensações-emoções de que podemos ser vítimas.

Ela se liga a uma baixa oxigenação cerebral, produzida por uma contenção respiratória. Esta, por sua vez, depende *de uma preparação global do corpo, feita automaticamente para que o indivíduo seja capaz de brigar contra perigos ou fugir deles.* Trata-se da reação de "ataque ou fuga", estreitamente ligada à adrenalina e ao sistema simpático.

A restrição da oxigenação cerebral produz uma incapacidade crescente de organizar qualquer reação ou resposta acertada; além disso, toda a sensação de realidade fica muito comprometida (chão que oscila, formas que se diluem, sons que vão cada vez mais para longe).

É preciso dizer, diante da ignorância coletiva da classe médica: a ansiedade (sob o nome de angústia) foi *o único objeto de estudo* de Freud durante toda sua vida; toda a sua teoria tem a ver com ela, com tudo o que as pessoas fazem para controlá-la, negá-la, disfarçá-la.

Toda neurose e toda psicose estão ligadas ao que podemos fazer ou ao que acontece sem que queiramos, quando assaltados pela ansiedade — ou angústia. Sempre que nos sentimos ansiosos é porque precisaríamos lutar contra um perigo próximo ou quando seria muito conveniente fugir deles.

Ansiedade é medo — a emoção é a mesma; *mas a ansiedade, ao contrário do medo, é um medo sem perigo evidente.*

As pessoas se perdem diante da ansiedade porque ela se liga a personagens próximos, tidos como inofensivos, como mãe e filho. Achamos que o lar é o lugar mais seguro do mundo, mas uma criança pode pensar e sentir de modo bem diferente quando um adulto que tem duas vezes o seu tamanho avança para ela enraivecido e ameaçando — como no exemplo que demos sobre a mãe a passar um sabão no filho ou como um filho na mesa, com um pai severo e autoritário.

Ou, até, uma professora com medo de seus alunos — ou de perder o emprego. A Educação Física seria o lugar e a vez de ganhar consciência da respiração. *Não existe um modo certo de respirar, pois a respiração é uma das funções mais variáveis do organismo.* Mas qualquer exercício especificamente respiratório, qualquer respiração feita de propósito e com atenção, aprofunda a consciência da respiração e, quando esta se vir prejudicada, a pessoa perceberá sua respiração tolhida — e poderá liberá-la, aliviando a ansiedade.

A consciência respiratória pode ser ampliada com qualquer variedade de respiração, desde que seja feita com plena consciência e total deliberação.

Após qualquer tipo de movimentação, o professor solicitará respirações propositais, detendo-se sobre elas, descrevendo-as com vagar, levando as crianças a perceber bem a forma, a amplitude, o ritmo. Períodos de hiperventilação — respiração acelerada com o corpo em repouso — podem ser um brinquedo muito divertido, pois esta respiraçao desperta reações surpreendentes nas pessoas, desde choro convulsivo até alegria explosiva. As manifestações emocionais podem ser intensas, mas não são perigosas. Basta que o instrutor permaneça perto da criança, atento, mas sem fazer nada além de estar perto e tranqüilo! Essas crises, quando ocorrem, não duram mais do que poucos minutos.

É meio arriscado, mas o benefício é muito e bem vale o risco. Para um possível episódio difícil, estaremos ajudando grande número de crianças a se haver melhor com esse sentimento, um dos mais freqüentes, dos piores e de melhores conseqüências — a ansiedade.

É MAIS FÁCIL TRANSAR DO QUE DESENVOLVER INTIMIDADE

Mais um benefício pode ser obtido de uma Educação Física mais bem informada sobre *técnicas de contato*.

Em grupos de pessoas a fazer maratonas visando ao desenvolvimento pessoal são propostos mil exercícios parecidos com brinquedos — e são! Convidando e permitindo às pessoas se achegarem, o resultado é invariavelmente bom e as pessoas ficam felizes e tranqüilas.

Falamos no texto o quanto confundimos dois valores instintivos, o de contato e o sexual. A maior parte das pessoas é muito carente *de contato*. Em grupos se percebe o quanto as pessoas desejam entrar em contato e não sabem como fazer, mas, uma vez autorizadas pelo orientador, entram em contato e se sentem felizes percebendo, ao mesmo tempo, que o desejo sexual quase desaparece. Falta muito mais contato do que sexo entre as pessoas e, satisfeita a necessidade de contato (é uma verdadeira necessidade instintiva), a força sexual se atenua consideravelmente. Grande número de aproximações sexuais se faz *a fim de as pessoas manterem contato — sinônimo de intimidade*. Em nosso mundo, é muito mais difícil desenvolver intimidade do que realizar uma relação sexual. Existem centenas de brinquedos de contato, em textos tanto alternativos quanto acadêmicos.

Aqui também é fundamental o contato em câmera lenta, cuidadoso, realizado em estado de concentração.

Nada impede a existência e a prática de jogos mais animados, mas aí os efeitos são inteiramente outros — alegria grupal, excitação feliz, aumento da capacidade aeróbica.

EDUCAÇÃO AFETIVA

*A*gora estou em condições de esclarecer bem o tema — e deduzir conseqüências práticas.

Comecemos com um modelo existente em uma ilha feliz da Polinésia, cujo nome esqueci. Vinte e cinco ou trinta cabanas, cada qual com um casal de filhos. *Qualquer criança pode ir para a cabana que quiser — com os adultos mais simpáticos para ela, com os quais se dá bem.* Ali permanece enquanto se der bem. Se começarem a ocorrer rusgas e atritos, ela faz sua trouxinha e vai para a cabana de outro casal — e é aceita sem conversa. Também o casal pode querer ou não querer uma criança, e pouco mal haverá na rejeição, pois é certo que o outro casal aceitará o garoto.

Esse é um modelo perfeito de organização sócio-familiar, adequado para o desenvolvimento real da afetividade. Os sentimentos só se desenvolvem *durante* o convívio com pessoas que me são simpáticas ou das quais eu *gosto*. E enquanto eu estiver gostando.

QUEM NÃO SABE DISSO?

Ao lado de pessoas que me são indiferentes, só posso desenvolver encenações de convívio, representar gentileza ou apreciação. Se obrigado a conviver com pessoas que me são antipáticas ou desagradáveis, só posso reprimir a agressão, a vontade de ir embora, de brigar ou de me afastar (condições que favorecem a ansiedade — como vimos). É preciso voltar à família tradicional *para compreender o quanto ela impede o desenvolvimento afetivo*. Ao obrigar todos os seus membros a ficarem juntos muito tempo, ela não leva em consideração as simpatias e antipatias das pessoas. É a absurda obrigação de amar — ou de se interessar. Ninguém ama ou se interessa por querer. Além disso, o longo convívio entre poucas pessoas desenvolve em todos formas de ligação muito estereotipadas, rígidas, limitadas e limitantes. Diz Freud que sempre nos casamos com alguém parecido com um parente próximo. O convívio estreito e obrigatório desenvolve comportamentos muito tenazes, altamente automáticos (inconscientes), difíceis de desfazer, como todo psicoterapeuta sabe muito bem.

Nove décimos do tempo da psicoterapia se destina a afrouxar laços familiares, invariavelmente apertados demais, restritivos, por vezes sufocantes.

Logo, liberdade de contato com várias pessoas é fundamental.

A antiga família patriarcal — afora o autoritarismo do patriarca — favorecia muito mais esse desenvolvimento. Cada criança, a cada dia, podia decidir com que parente brincar (primos), na casa de qual tio ir, ficar com o vovô ou vovó de sua escolha *naquele momento*.

Era muito melhor assim — o contrário do que acontece na família nuclear, constituída de um número por demais limitado de pessoas.

Como proceder na escola?

Esbocemos uma utopia.

Digamos que em uma escola existam alunos para preencher quatro salas de aula de terceira série. No primeiro mês de aula, os alunos poderiam mudar de sala à vontade, até encontrar seu professor mais simpático e seu grupo de maiores afinidades!!! Claro que, em cada sala, cada aluno escolheria com quem ou ao lado de quem sentar.

Lindo, não é?

Impossível, não é?

São coisas assim que impedem nosso desenvolvimento afetivo e fazem de todos nós pessoas pouco e nada capazes de amar, de odiar, de escolher, de rejeitar.

Mas quero ser imperativo: sem algo parecido continuaremos os bárbaros emocionais que temos sido desde o começo da História.

Escola, afinal, não é para preparar um mundo melhor?

A História não SE faz; ela É FEITA — por nós, e por tudo quanto conseguirmos fazer.

E se alguém ainda espera grandes mudanças sem experiências, sem riscos e sem erros, continuará a rotina de nossa História — o horror que descrevemos várias vezes ao longo do texto.

A pior desgraça do conservador é precisamente esta: "Mudar é perigoso — nunca sabemos o que poderá acontecer!" Os conservadores são cegos e surdos diante de todo o clamor presente, a todos os jornais de TV, com seu cortejo infindável de ameaças, desgraças, falcatruas gigantes, guerras contínuas. Tudo isso é "normal" para o conservador empedernido. Melhor toda esta desgraça rotineira do que tentar alguma mudança.

De novo a família: "Filhos de pais separados sofrem de graves problemas"... Em minha clínica, e em todos os consultórios do mundo, para *um* filho de casal separados havia pelo menos *cinqüenta* filhos de famílias bem constituídas. Você compreende, leitor?

Desgraça coletiva não parece desgraça. É fatalidade, o que se há de fazer, Deus quis assim, é preciso conformar-se...

Ai do mundo no qual nem a escola se renova.

ANEXO

A AGRESSÃO DA EDUCAÇÃO

"Educar", em sua raiz latina, significa "conduzir" ou até "puxar".

Está implícito: são os adultos que "conduzem" a nova geração — as crianças — para que aprendam a viver...

Paradoxo inicial: há pelo menos duas noções sob o termo "educação". Pedagogos idealistas, congressos sobre Pedagogia e instâncias governamentais em documentos relativos ao ensino definem **educação** assim: "Como a escola pode favorecer o desenvolvimento de todas as aptidões da criança". Tenta-se aprimorar técnicas — quase exclusivamente verbais — para que ocorra na criança a compreensão e, implicitamente, a aceitação da soma dos conhecimentos tidos como "básicos", úteis ou necessários, acumulados pelas gerações anteriores.

Mas o cotidiano, tanto familiar quanto escolar, nos mostra que **educar** consiste em aplicar o máximo de esforços, discursos — e penalidades! — *para que a criança se torne semelhante aos adultos de seu mundo próximo.*

Em nenhum dos dois casos se acentua a presença fundamental da **imitação** no aprendizado. Ela ocorre ao lado dos sermões familiares e das aulas escolares, sem que as instâncias pedagógicas pareçam se dar conta de sua existência (adiante se amplia).

A imitação reaparece, depois, em dois campos: manutenção das estruturas, dos costumes e comportamentos sociais (conservadorismo) e no consultório de psicoterapia, sob a forma de **identificações** (imitações inconscientes) — o mais freqüente e atuante dos chamados "mecanismos neuróticos".

Há mais pressupostos nunca explicitados sobre educação.

Primeiro: todos os adultos de qualquer mundo (os educadores — pais e professores) são bem informados, conscientes, responsáveis e competentes. Portanto, é óbvio, justo e lógico que nos esforcemos para que as crianças se façam parecidas conosco.

Segundo: todas as civilizações — no dizer de Toynbee — se consideraram perfeitas e.. eternas.

Este texto tentará ampliar, demonstrar e criticar essas afirmações.

As criticas, referindo-se ao presente e ao passado, podem ser bem definidas e convincentes. Já as propostas de reforma da pedagogia, referindo-se ao futuro, podem ser pouco mais do que projetos ou sugestões de pesquisas.

A FAMÍLIA SEMPRE PERFEITA

A família, em que efetivamente se inicia a educação, é tida sem discussão como perfeita na sua função e bem pouco discutida em Pedagogia. Para esta, a criança começa a aprender lá pelos 6, 7 anos de idade, ao entrar na escola, e antes disso não sabia de nada!

Sempre que se fala em família, **todas as mães** são tidas como perfeitas, assim como todos os pais. Mas entre as mães reais podemos encontrar desde santas abnegadas até monstros de uma crueldade indescritível. Entre os extremos, todos os tipos imagináveis em todas as proporções imagináveis.

Mas na frase preconceituosa está implícito que **todas** as mães são modelos de amor incondicional, sábias, serenas, confiáveis, justas, compreensivas — e ai de quem disser o contrário — *em público*! O mesmo sobre a família — invariavelmente maravilhosa.

De outra parte, *em particular*, o que mais se ouve são queixas e críticas sentidas e sofridas sobre essa mesma família.

A fim de estimar o que pode haver de verdade e quanto há de falso nessa idealização das relações familiares, consideremos o seguinte.

Conviver muitos anos com um estranho do sexo oposto (não era de minha família!) e educar duas ou três crianças são as duas tarefas mais difíceis, demoradas e exigentes da vida. Ao mesmo tempo, são as mais importantes para a sociedade.

No entanto, nenhum país do mundo exige qualquer qualificação para que as pessoas se façam marido e mulher, pai e mãe.

Regulamentar o casamento — exigir diploma! — seria tido como atentado inadmissível a um direito humano fundamental. Exigir qualquer espécie de qualificação para ser pai ou mãe poderia provocar protestos internacionais.

Falar em uma Escola de Família ou em uma Escola de Mães fará muitas pessoas sorrirem e outras se indignarem.

A meu ver, nenhuma escola mais necessária.

Está suposto que basta o ato — casamento — para garantir a competência!

O que acontece diante desse absurdo? *Os pais repetem com seus filhos quase tudo que seus pais fizeram com eles, por força de uma imitação inconsciente.*

Esse é o processo fundamental que garante a conservação das estruturas sociais.

Por isso o Governo — qualquer governo — apóia incondicionalmente a família. Ela é sua garantia d continuidade, faça ele o que fizer.

O caso das mães merece consideração à parte. Se perguntarmos às pessoas quais as relações entre as mães e o poder político, despertaremos em quase todos um sorriso de surpresa e estranheza ao mesmo tempo.

No entanto, as mães são e sempre foram, em todos os tempos e em todos os lugares, o maior e o mais poderoso partido conservador — silencioso!

As mães, em qualquer país, são em número maior do que o número de filiados a qualquer partido político. Logo, havendo democracia, constituem maioria e podem elaborar, aprovar ou vetar leis — invariavelmente feitas pelos homens — desde a Grécia "antropocrática"...

Ninguém exerce tanta influência sobre tão poucas pessoas (filhos e marido) durante tanto tempo (muitos anos) quanto as mães. A imagem e as falas maternas gravam-se indelevelmente no íntimo do todos nós por toda a vida, determinando muitas de nossas convicções e escolhas.

A poderosa influência materna se exerce *no período mais formativo* da personalidade — da fecundação até os 10 anos.

Qual o maior desejo de todas as mães do mundo? Que seus filhos sejam "normais" e, se possível, bem-sucedidos no mundo em que vivem.

A imensa maioria das mães não mostra interesse algum em compreender as forças políticas, econômicas e militares que regem a sociedade e modelam sua estrutura. Compreendem menos ainda a influência que poderiam exercer sobre o destino de seus filhos, e dos filhos de todas as mães do mundo, inclusive para salvá-los das matanças periódicas de jovens que ocorrem durante as guerras.

Além desses poderes efetivos, as mães gozam de um prestígio mítico inigualável. "Mãe" é palavra mágica. Desperta ressonâncias profundas em quem quer que a ouça, ressonância de amor (e de raiva!), de respeito, reverência e muitos outros sentimentos poderosos e contraditórios.

Jamais um poder constituído ousaria combater com violência uma manifestação coletiva liderada pelas mães.

No entanto, são elas as mais ferrenhas defensoras da família e as piores inimigas de inovações — inclusive do movimento feminista! Isto é, ninguém defende com tanta força e eficácia a própria servidão...

Resumindo e consagrando todos esses fatos temos o apoio incondicional de toda a comunidade ao poder das mães, que se fazem, por isso, mais poderosas do que qualquer tirano existido ou por existir.

"Mãe está sempre certa" (portanto, filho está sempre errado!); "Pai sempre sabe o que faz"; "Pai e mãe têm experiência — sabem como é a vida..."

Pai e mãe não têm experiência alguma de nossa época — como a seguir se demonstra...

As mães determinam o destino da humanidade mais do que qualquer outro poder conhecido.

Há poucos anos a mídia vem denunciando as agressões, os assédios e abusos sexuais que ocorrem em família. Segundo o Unicef, só para dar um exemplo, em 1999 houve na América do Sul 80 mil mortes infantis decorrentes de agressões ocorridas no lar. Dirão os defensores fanáticos da instituição: mas esses fatos se devem a pessoas perversas, miseráveis, ignorantes, alcoólatras... Fato. Mas não ocorreriam se não tivessem o apoio de todos quando impensadamente afirmam que "pai é pai". Portanto — continua o argumento perverso —, se ele fez deve ter tido suas razões (o filho devia estar errado...).

Tampouco ocorreriam estes fatos se as agressões domésticas fossem tão punidas quanto as que ocorrem na rua. Não são. Afora casos gravíssimos, agressão doméstica não figura em códigos penais — e os vizinhos não se metem...! A família é o lugar mais perigoso do mundo, porque as pessoas "desabafam" em casa todos os descontentamentos e frustrações de que a vida está cheia.

Por isso, principalmente, os poderes públicos a protegem, para que a amargura, o ressentimento e a indignação gerados na maioria das pessoas pelas instituições perversas e injustas sejam absorvidos pelo lar — em vez de gerar uma revolução... "A culpa (de meus maus sentimentos) é dela/dele — de minha mulher/de meu marido..."

Esses fatos nos permitem alcançar, também, algumas das raízes **afetivas** da educação: a inveja que os adultos sentem da criança e a vingança que exercem contra ela.

Popularmente, a criança é depreciada, "coisa de criança" é bobagem. Depois da psicanálise, "infantil" se fez quase sinônimo de "neurótico". "Infantil" é o oposto do maravilhoso "adulto", tido implicitamente como "consciente" e "maduro" e "responsável"!

Segundo o povo e a psicanálise, a criança é muito fantasiosa, olhando para seus pais como se fossem deuses. Não sei se elas nos idealizam ou se nós, os pais, idealizamos a nós mesmos impondo a elas essa idealização.

Na verdade, nós, adultos, **invejamos intensamente** as crianças, leves, livres, lindas, móveis, risonhas, curiosas, felizes com qualquer coisa — sem culpa nem vergonha...

Por isso também fazemos com elas o que fizeram conosco — **vingança**: "Se eu sofri tudo que sofri, por que ela não? Afinal, ela precisa se fazer um adulto normal — como eu..."

Achamos que as crianças são por demais frágeis e as "protegemos" ao máximo, impedindo-as de fazer qualquer ação mais arriscada. Impedimo-las de fazer tudo aquilo que nos assusta (porque nunca fizemos) ou tudo aquilo que desperta ansiedade em nós (porque nos foi proibido)...

É bem sabido: a palavra que qualquer criança mais ouve na vida é "não!" Cada "não" é um gesto interrompido, uma experiência não realizada, um circuito cerebral não ativado, uma região do espaço e um objeto não experimentados.

Disse Buckminster Fuller: "Todos nascemos gênios e a educação nos torna medíocres" (aguarde, leitor).

Hoje, mais do que nunca, a família (nuclear) conta com três a cinco indivíduos em contato por demais freqüente por um período longo demais.

Conseqüência: limitação da capacidade de estabelecer vínculos emocionais e *de desenvolver a afetividade — que se alimenta da variação da convivência*. O homem moderno é solitário e as relações pessoais são o capítulo mais difícil na vida de quase todos. A psicoterapia existe principalmente por causa disso, por causa dos vínculos familiares densos demais e da dificuldade em atenuá-los, único modo de diversificar a afetividade e ampliar a liberdade pessoal.

O único modo de atenuar a força das imitações (identificações) *é a redução do tempo de convívio*. Melhor se a família **não** permanecesse tão unida...

Outra conseqüência da mesma causa: o estabelecimento de uma diferença excessiva entre "os meus" (minha família) e "os outros", diferença reforçada pela propriedade particular e pela herança legal. As três juntas se fazem poderoso obstáculo aos nossos instintos de solidariedade e cooperação, aumentando a desconfiança e a distância entre as pessoas.

Nenhuma escola e nenhum programa propõem algo que possa ser denominado "educação afetiva". De novo, o pressuposto é que a experiência familiar basta.

Enfim, a repressão sexual. Família — a mãe em particular — não tem sexo. Assim se estabelece para sempre a divisão entre sentimentos de amor e ternura de um lado e envolvimento sexual de outro. O sexo — sem a respeitabilidade familiar e social — passa então por um processo coletivo de degradação por força de palavrões mais do que grosseiros, pornografia em profusão, anedotas sujas e conversas masculinas degradantes em relação à mulher e ao sexo.

IMITAÇÃO — O PODEROSO APRENDIZADO SECRETO

Aliada igualmente "secreta" das mães, multiplicando por mil seu poder já imenso, temos a infinita capacidade da criança humana de **imitar** o que quer que esteja diante dela — desde as primeiras horas após o nascimento. Atualmente há fotos incríveis desses fatos.

É deveras estranho que sociólogos, pedagogos e estudiosos de política pareçam ignorar essas raízes deveras... radicais do conservadorismo — da resistência à transformação.

Ele está contido na frase mil vezes repetida "A família é a célula *mater* da sociedade", mas poucos se dão à tarefa de explicitar os pressupostos que resumimos. Quase ninguém conclui: se a família é tão boa e origem de quase tudo que é social, por que a vida social é tão precária? (Já mostrei um pouco e logo adiante mostrarei muito mais essa precariedade — com fatos e números.)

Há mais fatos nessa lista pouco lembrada e nada usada por pedagogos.

É bem sabido que o desenvolvimento biológico é uniformemente retardado em função do tempo, isto é, os processos vitais de crianças de 1 mês de idade são consideravelmente mais velozes e diversificados do que os de uma criança de 1 ano. Levando em conta esse retardamento relativo — e contínuo —, chegamos ao que já foi dito por outros: *nos 5 ou 6 primeiros anos aprendemos mais de 80% de tudo que aprenderemos na vida.*

Dados complementares: no neonato, o cérebro pesa tanto quanto 20% do peso do corpo (no adulto não chega a 3%) e o volume da circulação cerebral (consumo de oxigênio) é o triplo do encontrado no adulto. Aos 3 anos, o cérebro já alcançou 90% de seu volume. Nascemos com cem bilhões de neurônios (logo adiante falaremos de seu destino). O cérebro, tanto na criança como no adulto, consome dia e noite 20% do oxigênio inalado.

É nesse tempo restrito que se realiza quase todo o aprendizado sensório-motor que será o fundamento de todo o futuro aprendizado simbólico e verbal — que dará sentido às palavras.

Insisto: todo esse aprendizado é motor, se faz por imitação, é "ver fazer", é "inconsciente" seja para a criança, seja para os pais, seja para os pedagogos.

O CÉREBRO — PERFEITA MÁQUINA DE IMITAÇÃO

Dado fundamental de neurofisiologia cerebral: a estimulação aleatória do encéfalo — com agulhas elétricas de exploração funcional — produz, em **dois terços** dos casos, **movimentos oculares**. Equivale a dizer o óbvio: os olhos estão presentes em quase tudo que fazemos. Cada nervo ótico tem um milhão de fibras — muito mais do que as fibras que inervam toda a pele.

Some-se a isso: cerca de **dois terços do encéfalo** — em peso — servem **apenas para nos mover**. A saber: as duas circunvoluções cerebrais pré-rolândicas (uma de cada lado), boa parte dos lobos pré-frontais, todo o sistema extrapiramidal, com seus volumosos núcleos na base do cérebro, todo o sistema proprioceptivo (que serve apenas para a coordenação motora) e enfim o cerebelo. *Só este tem mais neurônios do que todo o restante do cérebro.* O cerebelo — recordo — é exclusivamente motor: é o regente da coordenação motora. É bem provável que ele tenha muito ou tudo que ver com a coordenação de idéias, se Piaget disse verdades importantes: é preciso que nosso acervo motor seja de fato considerável para que sobre ele possa se constituir o pensamento verbal, conceitual e/ou simbólico.

Bem ponderados esses fatos, eles nos levam diretamente a uma conclusão surpreendente: o cérebro é uma ultracomplexa e habilíssima máquina de **imitar qualquer**

movimento que os olhos vêem (1/3 do córtex é usado no processo de enxergar, enquanto 2/3 do cérebro todo são usados para produzir os movimentos corporais).

Há outra afirmação óbvia — mas as pessoas não a ligam ao aprendizado. A presa favorita dos predadores são os filhotes. Também por isso eles nascem com uma fantástica capacidade de aprender. Os retardados são comidos...

Enfim, um dado de extrema importância para o tema do aprendizado, em especial para o tema do aprendizado **hoje** — terceiro milênio —, o tempo de um mundo que muda dia a dia.

Howard Bloom, representante dos neoevolucionistas, baseado em uma bibliografia monumental, traz as mudanças que vêm se fazendo necessárias à vetusta teoria de Darwin. Não se nega a mutação nem a seleção, mas acrescenta-se... a imitação! A unidade evolutiva não é só nem principalmente o indivíduo, mas a espécie, uma "máquina capaz de aprender indefinidamente" — conforme suas palavras. **Como** essa máquina aprende? A reprodução sexuada "embaralha" o genoma e torna cada indivíduo único. *A sexualidade é a geradora da individualidade.* Diante de uma nova dificuldade ou de uma nova oportunidade surgida no ambiente, sempre pode ocorrer de **um indivíduo** resolver a dificuldade ou aproveitar a oportunidade que os outros não perceberam — ou sofreram passivamente. Imediatamente o bando — todos os próximos — **imita** o bem-sucedido. Na geração seguinte, passando de fêmea a filhotes, essa novidade fica integrada ao repertório comportamental da espécie. Podemos falar em transmissão cultural em qualquer espécie animal — por mais limitada que seja. Lamarck em nova roupagem!

Mas a imitação tem um limite rígido — *só é feito o que se fazia — exatamente da mesma maneira.* "É preciso preservar nossos sagrados valores tradicionais!" É o exemplo histórico dos ferreiros e seus segredos para temperar o aço. Entre uso e teoria — digamos, da metalurgia do cobre — decorreram vários milênios.

Esse é o caso da neurose — e dos preconceitos sociais: rigidez de comportamentos pelo fato de terem se formado por imitações (identificações) de posturas, gestos, faces, músicas vocais —, expressão não-verbal, em suma.

O genoma continua a ser o estabilizador da espécie — elemento conservador. A imitação dos alternativos se faz o processo transformador (paradoxo: imitar... transforma).

Por isso o processo de imitação tem mais de 400 milhões de anos, tendo aparecido primeiro entre as lagostas!

Por isso o cérebro se fez o mais requintado aparelho de imitação: origem da mudança social que invariavelmente nasce em um indivíduo e então se torna coletiva — ou não!

Nunca precisamos tanto de inovações e de inovadores como hoje ou, pelo oposto, nunca o conservadorismo foi tão perigoso.

O CONCRETO DO ABSTRATO

Nascemos com 100 bilhões de neurônios, como nos diz Susan Greenfield.

Até poucas dezenas de anos nas escolas de Medicina se ensinava "a anatomia do cérebro" e implicitamente se acreditava que todos os cérebros eram muito semelhantes.

Agora (2000) leio estarrecido, em Howard Bloom (p. 7):

A experiência social literalmente modela pormenores críticos da fisiologia cerebral, esculpindo um cérebro infantil que se adapta à cultura na qual a criança nasceu. Bebês até 6 meses de idade podem reproduzir qualquer som de qualquer língua. Mas em menos de quatro meses essa capacidade se reduz a quase nada. O não desenvolvimento de aptidões produz graves alterações no tecido cerebral. Neurônios permanecem vivos somente quando se mostram capazes de exercer funções solicitadas pelo seu ambiente físico ou social. **Metade das células cerebrais com que nascemos morrem rapidamente.** Os 50% remanescentes são os que se mostraram úteis para lidar com experiências culturais, tais como engatinhar, manipular coisas, compreender as palavras de mamãe, sua linguagem corporal, suas histórias, canções e seus preconceitos. Permanecem vivas aquelas células cerebrais que se mostram úteis para se haver com as coisas (a "realidade") e com os modos de parentes, amigos e estranhos. **Os 50% de neurônios que não são usados são forçados a cometer morte celular pré-programada no DNA (apoptose) — suicídio.** O cérebro subjacente à mente é um jogo de peças que se adaptam ao espaço que lhe é concedido pelos que estão à volta da criança e pelo ambiente maior de sua cultura.

Vou buscar na bibliografia referências sobre este trecho e encontro: "Sem treino, orientação ou reforços positivos, recém-nascidos *começam automaticamente a imitar seus semelhantes desde as primeiras horas de vida*" (W. Wyrwicka, *Imitation in human and animal behavior*).

Enfim, como diz o doutor Robert Skoyles (p. 143), citado por Bloom:

Nossos cérebros diferem uns dos outros tanto quanto nossos corpos — até mais. Uma parte do cérebro, a comissura anterior [...] pode variar de espessura até sete vezes de uma pessoa para outra. Outra parte, a massa intermédia, sequer é encontrada em uma de cada quatro pessoas. O córtex visual primário pode variar três vezes em área (de uma pessoa para outra). O que chamamos de amígdala (responsável pelo nossos medos e nossos amores) pode variar duas vezes em volume — assim como o hipocampo (envolvido com a memória). E o mais surpreendente: o córtex cerebral, comparando-se extremos, pode variar na relação de 1:2.

Gostaria de saber se estes dados estão sendo considerados em alguma faculdade de Pedagogia e/ou em algum programa de ensino...

OS DOIS CÉREBROS

Quando a criança deixa o lar e entra na escola — onde "começará" a aprender —, ocorre nova mutilação. Ainda hoje nosso ensino só se ocupa com as funções do hemisfério esquerdo do cérebro, palavras, palavras, palavras, números, formas, seqüências, análises, abstrações (fragmentos).

Nada de música, dança, figuras, intuição, totalidades...

Desde os gregos...

Nós, civilizados, funcionamos, portanto, com um quarto de nosso potencial cerebral, o que "explica" bem até demais nossa história e nossas sagradas instituições.

NOSSAS SAGRADAS TRADIÇÕES

Falemos um pouco — bem pouco — do mundo criado pelos adultos conscientes e responsáveis que somos todos nós — os que pretendemos ensinar às crianças como é este mundo maravilhoso que logo mais lhes deixaremos como herança (como maldição ou como sepultura!)

Se dá lucro, então é legítimo — esse o "princípio" básico dos nossos gloriosos antecessores (o capitalismo selvagem, o complexo militar-industrial e a globalização). Aí e então fica deveras difícil saber a diferença entre a bolsa de valores, o sistema bancário, a máfia, os traficantes, os proxenetas, o poder político e o complexo militar-industrial. Talvez se possa incluir aí também as igrejas...

Logo depois temos de falar das guerras, sempre presentes desde o começo da civilização (10.000 a. C.). Predação eterna, assaltos e matanças coletivas glorificados como altos modelos de patriotismo. Escravidão real ou disfarçada permanente. Mais de cem conflitos armados só no século XX. Armas, o melhor "negócio" do mundo — o mais rentável. Mas se às drogas ilegais somarmos o álcool e os psicotrópicos, então são estes que vencem em matéria de lucros. Notar: dada a altíssima rentabilidade das armas, é mais do que provável que seus produtores "fabriquem" também seus mercados — mais guerras!

Amizade entre os povos: serviços de espionagem (recíproca) absolutamente oficiais, até romantizados. Desde 1966 navegam nos mares do planeta cerca de quinze submarinos nucleares gigantescos, metade americanos e metade russos. Impossível localizá-los. Cada um deles transporta dez foguetes termonucleares. Cada um desses foguetes tem um potencial de destruição maior do que o de toda a Segunda Guerra Mundial (inclusive as duas bombas atômicas).

Dois vazamentos de petróleo no oceano a cada mês, devastação selvagem da natureza, produção de lixo e poluição do planeta em escala industrial, desperdício espantoso ao lado de miséria igualmente espantosa. Número cada vez menor de pessoas cada vez mais ricas e número cada vez maior de pessoas cada vez mais pobres — diferença que cresce a cada ano.

Consumo de drogas crescendo diariamente, depressão e angústia ao lado ou na raiz de mil sintomas psicossomáticos, "estresse" epidêmico, trabalho escravista, mortes cardíacas em primeiro lugar.

Veja-se que lista de sinais indicativos de quão feliz vive a população deste planeta psicótico criado e aceito por nós, adultos maduros, conscientes e responsáveis.

Será que nossos filhos nada sabem desse estado crônico de calamidade pública?

Sabem! A mídia fala disso o dia todo e todos os dias. Inclusive nos desenhos animados esses "princípios éticos" estão sendo mostrados. Será que eles não ligam uma coisa com outra? O mundo perigoso com a escola alienada? Será que essa dissociação não está influindo na indisciplina crescente nas escolas, na "falta de respeito" dos menores diante de seus maiores, no aumento vertical da violência e no uso de drogas por crianças e adolescentes?

McLuhan: a informática fez do mundo uma aldeia global. Quase todos sabem de quase tudo...

Palavra mágica, hoje, em educação: **é preciso contextualizar o conhecimento**. Lógico! Evidente! Então por que não começamos a fazer isso? A juntar causas e efeitos desde os macrossociais até os escolares e os familiares? A mostrar que tudo se liga a tudo e que cada um de nós é responsável pelo que acontece com todos? Que a família é o começo do autoritarismo, que o consumo, potencializado pela propaganda, pela falta de alegria, amor e prazer de viver, alimenta a máquina industrial que engole a natureza, que gera riqueza e a desigualdade, que provoca guerras, que aquece o planeta...

Não será a total falta de conexão da escola com **este** mundo o que gera nos alunos a indiferença, o tédio, a atitude fundamental: "Eles não estão dizendo nada do que interessa, nada do que é importante, sobre nada do que está acontecendo"?

O QUE A EDUCAÇÃO PRECISA COMPREENDER: O MACROCONTEXTO

Durante o século XX ocorreram mais transformações técnico-sociais do que em todo o restante de nossos 10 mil anos de História — o que é bem sabido.

Mas durante os últimos trinta anos — ligados ao *chip* eletrônico — ocorreram mais transformações técnico-sociais do que durante todo o século XX — o que continua ignorado pela consciência coletiva —, inclusive, segundo parece, pela maioria dos pedagogos.

Continuar com um professor falando para trinta alunos que ao final do semestre terão de repetir o que ouviram é o fim de qualquer noção ou prática pedagógica imaginável.

Não se trata mais de, nem é possível, oferecer "matérias" separadas para escolas, matérias que resumiriam "o essencial" das várias áreas do conhecimento. Elas se modificam em poucos anos. Logo mais, em poucos meses. Diz-se que *a cada dois anos a soma dos conhecimentos humanos duplica*. Há mais cientistas do que operários nos Estados Unidos.

APRENDER A APRENDER

O saber precisa ser substituído pelo "aprender a aprender" — afirmação inspiradora que começa a se difundir e a animar diálogos na vanguarda da pedagogia. Muitos concordam com a idéia mas ainda não sabemos bem o que é ou como colocá-la em prática. Adiante proponho alguns começos.

É tal a velocidade de destruição dos velhos valores e estruturas — sociais e pessoais — e tal a velocidade das inovações que precisamos todos aprender... a nadar — sem nenhuma tábua de salvação à vista.

Nenhuma tarefa mais difícil, nenhuma mais necessária.

A TECNOLOGIA, SUAS EXIGÊNCIAS E CONSEQÜÊNCIAS

Nasci em 1920 e vivi quase todo o século XX com muito medo, mas também com a curiosidade de uma criança, que é o mais vivo de mim mesmo.

Senti nos **olhos** e no **corpo** as mudanças em curso.

Nos olhos: meu mundo de criança tinha bem poucas figuras — imagens. Hoje estamos cercados e inundados por elas o tempo todo. Fui me livrando de meus medos "neuróticos" à medida que identificava as ameaças reais que me cercavam.

Hoje, imagens mil. Nas fotografias e revistas primeiro, no cinema logo depois, por fim na TV e agora nos CDs e DVDs.

Tradicional mas verdadeiro: uma imagem vale por mil palavras. A TV ampliou a consciência da massa a limites que vão muito além de tudo que Aristóteles ou Da Vinci sabiam do mundo...

No meu mundo de criança (até quase o meio do século XX), o corpo era cuidadosamente escondido, a música, rara, a dança, formal, e o ritual, social — modos e maneiras dos papéis sociais, cuidadosamente realizados e controlados por todos!

Enfim, o corpo não tinha nada, absolutamente nada que ver com a alma ou com o espírito — com a consciência. Aliás, só se falava da consciência moral.

A consciência psicológica era lembrada somente pelos filósofos...

Hoje, nudez quase total, música em qualquer lugar, danças as mais variadas e atrevidas, modos e maneiras formais quase ridicularizados, avanços acelerados na compreensão das relações mente–corpo, compreensão aprofundada da influência das emoções nas funções corporais, reativação de orientalismos que também valorizam o corpo, mil técnicas corporais em psicoterapia...

Ativação do cérebro todo — dos dois hemisférios —, emergência do feminismo.

A comunicação não-verbal sendo investigada cada vez mais a fundo.

SÉCULO DO IMAGINÁRIO E DO CORPO

Leitor, acredito que as frases seguintes contêm as mensagens mais importantes e os fundamentos da nova pedagogia.

A *imitação* tem que ver com o corpo todo — não só com as palavras.

> É impossível *imitar* um texto.
> Só é possível *imitar* o que os olhos
> vêem. Conhecimento visual e
> consciência motora — começo do
> aprender a aprender. Todo o falado
> já é sabido — passado...

Estas declarações contêm, a meu ver, tudo que a nova educação precisa compreender e levar em conta, e tudo que falta à existente, ainda grega e medieval no essencial.

Leia agora, leitor, o documento principal da acusação.

"EDUCAÇÃO" — UM TESOURO A DESCOBRIR

Relatório para a Unesco da Comissão Internacional sobre Educação para o Século XXI, sob a direção de Jaques Delors

Começa com o antropocentrismo que herdamos dos gregos. De quinze participantes da comissão, apenas cinco são mulheres — os eternos 33%... A nossa primeira e inevitável educadora fica em segundo lugar...

Todos são figuras de destaque em seus países, quase todos professores universitários, vários ministros e/ou secretários de educação. Na certa todos maiores de 30 anos — ou até maiores de 40 (nascidos antes do *chip*...)

Primeiro, o que me pareceu razoável, sobre um mundo só, da necessidade de contextualizar a educação, das desigualdades sociais, do aprendizado contínuo, da necessidade de cooperação entre professores, alunos e pais. Da função da educação em atenuar diferenças culturais e da necessidade de compreensão recíproca entre as pessoas e os povos.

Sobre informática e meios audiovisuais auxiliares de ensino falam pouquíssimo, mas reconhecem que a questão é importante, difícil e muito recente. Aconselham a criação de uma comissão para estudar a questão...

Primeira ignorância culposa: impossível driblar essa questão, e já existe, sim, abundante literatura a respeito! Existe nos Estados Unidos uma universidade *online* florescente e em franca expansão há mais de uma década.

Há vários relatos de experiências bem-sucedidas e originais no campo da educação, em vários países.

Inúmeros conselhos vagos, palavras, palavras, palavras...

As críticas são muitas e fundamentais.

Absolutamente nada sobre a educação familiar, tida, implicitamente, como "perfeita", sem consciência alguma das suas deficiências e de como tais deficiências se propagam ao longo de toda a vida — e de toda a cultura.

Ignorância completa sobre os cinco primeiros anos da vida, tidos implicitamente como época na qual nada se aprende e em relação aos quais nada há para ser feito em matéria de ensino. A mãe resolverá tudo com a ciência infusa que lhe vem do Espírito Santo... Século XXI!

Não é dado a ninguém do mundo da cultura ignorar tão completamente os achados de Freud sobre a influência da família, de regra maléfica, abundantemente confirmados por milhares de estudiosos. Não falo de teorias, mas dos fatos que foram surgindo ao longo das inúmeras e prolongadas análises.

Trata-se, a meu ver, de uma ignorância culposa. Não é cabível — entre educadores de primeira linha — ignorar tão completamente a família, sem a menor dúvida a primeira e mais fundamental das instâncias pedagógicas, como já comentei.

Em cada página, vários "deve-se" (alguém deve). Quando vejo essa palavra, concluo imediatamente que nada do que está sendo proposto será feito. Esse é mais um péssimo costume que se desenvolve em família, na qual tudo se "resolve" (nada se resolve) com essa palavrinha amaldiçoada. Mãe deve, pai deve, filho deve... E se alguém deve e não faz (quase nunca faz), então "a culpa é dele" — e tudo continua na mesma.

O Senhor Professor reina, dono do *show*. Em relação a ele, a mesma inconsciência existente em relação à família. O professor deve — e assim tudo se resolve. Atribui-se a ele qualidades pessoais, intelectuais e afetivas raríssimas vezes encontradas em algum iluminado, como se tais qualidades pudessem ser esperadas ou exigidas do comum dos mortais.

Em nenhuma página do relatório existem as palavras amor, sexo, erotismo, valor do contato humano (físico!), valor da motricidade para a inteligência, para o relacionamento, para a eficiência.

Nada, absolutamente nada. Educação para anjos — puros espíritos desencarnados —, só palavras...

Os "quatro princípios" propostos são deveras gregos quanto à abstração: aprender a conhecer (a falar — só cérebro esquerdo), aprender a fazer (sem falar em motricidade), aprender a viver juntos (sem contato) e aprender a ser — o que só pode acontecer se forem realizados os três outros requisitos. Lindo! Mas como se faz isso? Falando? Só explicando como se faz?

Outra vez apenas hemisfério esquerdo — só meia cabeça... Nada de artes, expressão, comunicação, contato, carícias, dança, canto, cores, festa, coordenação motora, consciência corporal — nada. Essas coisas não são sérias...

Estou me referindo às duas qualidades mais necessárias e menos presentes no mundo moderno, qualidades reconhecidas e citadas pelos autores:

PENSAR CRIATIVAMENTE E AMAR AO PRÓXIMO

Como? Como? Como? Repetindo o que se faz há seis séculos? A faculdade, o mestre, a aula magna, a tese, o doutorado, a autoridade, nossos sagrados valores tradicionais? Tudo que nos trouxe até esse manicômio coletivo chamado Planeta Terra?

Nada sobre **inteligências múltiplas**. A inteligência é uma só — a dos que conseguem passar nos exames oficiais.

Nada, absolutamente nada sobre **comunicação não-verbal**, que é a essência do bom professor e da boa comunicação.

Nada sobre **aprendizado acelerado** e/ou multissensorial — em pleno desenvolvimento.

Última omissão culposa deveras imperdoável: nem a menor alusão à **imitação**, processo fundamental em qualquer aprendizado, e que está acontecendo o tempo todo, queiramos ou não, percebamos ou não. A imitação pouco ou nada tem que ver com idéias, teorias, explicações, pensamentos — com palavras.

O relatório reafirma o que já é mais do que sabido — como seria de esperar de adultos e especialistas que, reunidos em uma Comissão Internacional, não se animam a propor além ou diferentemente da "média" dos participantes. Nem têm tempo para se informar sobre o que está acontecendo no mundo. Pensam na continuação — e na repetição — de tudo que se dizia na primeira metade do século passado, continuação da Grécia e da Idade Média...

SOLUÇÕES A EXPERIMENTAR

O professor de "matérias", hoje, só pode ser o computador — bem programado!

Com um só ou com vários alunos diante dele. Com um professor ao lado.

Quando sento no PC para escrever, penso com muita gratidão e certo pasmo na cooperação humana, na equipe de pessoas de talento que se reuniram não sei quantas vezes para programar o Word e pôr à minha disposição tal variedade de estilos, tamanhos de letras, tipos de intervalos entre letras, linhas, parágrafos, cores, colunas, quantas aberturas para inserir coisas, com que facilidade copio, reformo, transponho, altero linhas, parágrafos, estilos...

Ninguém reclama, ninguém resmunga nem me olha feio, ninguém me ridiculariza, tudo me é apresentado na hora, quantas vezes eu quiser. Mas também — e em revanche —, se não aperto o botão certo, não acontece o que eu quero, por mais que eu xingue "ele".

Algum professor teria tantos recursos, tanta paciência, tanta clareza, tantas indicações, dicas, propostas, sugestões?

E estou falando só do Word, de muitos modos simplório diante de tantos outros programas.

Aliás, o exemplo me desfavorece por lidar com palavras (*words*).

TROCANDO PALAVRAS POR IMAGENS

O centro das propostas seguintes está ligado à substituição ampla da exposição verbal pela exposição visual, seguindo a que é talvez a maior diferença entre o mundo pré-TV e o mundo pós-*chip*.

Na feitura de CDs temos um papel para os professores — reunidos. Serão feitos CDs sobre quantas matérias se fizerem necessárias. Dispondo de tempo, recursos, imagens, animações, perguntas, discussões...

Aliás, já existem muitos CDs sobre mil assuntos diferentes, para vários níveis de aprendizado.

Disse que seriam para um ou para vários alunos. Para um quando esse um tem dificuldades especiais, ou se assim o desejar, ou se quiser se aprofundar em um tema.

O grupo é sempre preferível — como adiante se especifica.

A visualização da informação pode ser feita pelo preço de um mês do salário de um professor, substituindo computadores por um aparelho de TV e outro de vídeo. Quem dispõe da vários canais de TV pode assistir a apresentações de nível universitário com facilidade, sobre mil temas diferentes. Consultando embaixadas e universidades, estou certo de que será possível encontrar vídeos sobre o que se quiser, com qualquer grau de complexidade, de pesquisas de alta tecnologia a apresentações para crianças de poucos anos de idade.

A maior parte das aulas consistiria na apresentação de um vídeo seguida de comentários dos alunos e do professor, digamos, durante um tempo — enquanto o interesse do grupo se mantivesse vivo. Em seguida, o vídeo seria novamente projetado, ótima técnica para afinar a observação e ampliar a percepção (ninguém vê "tudo" na primeira vez). Boa para esclarecer dúvidas de um que diz "foi assim" e outro que diz "não, foi assim". Útil, enfim, para facilitar a retenção e para dar ao professor oportunidade de acrescentar o que lhe parecer necessário.

Nessas aulas — tanto com PCs como com vídeos —, nada impede a presença dos pais nem sua participação no diálogo. Muito pelo contrário: seria ótimo. Eles precisam se atualizar até mais do que seus filhos, porque estes já estão "atualizados" — estão começando a viver agora!

A SEMPRE ESQUECIDA E SEMPRE PRESENTE COOPERAÇÃO

Nunca os seres humanos dependeram tanto uns dos outros quanto hoje. Constituímos uma rede econômica, de transportes, de produção, de consumo, de comunicação; mantemos um nível de trocas, de objetos, serviços e mensagens inédito.

No entanto, a atmosfera competitiva gerada e mantida pelo capitalismo nos impede de perceber essa cooperação e continua-se a viver um individualismo estreito e competitivo, agressivo-defensivo.

Se de cada pessoa fosse retirado tudo que os outros fizeram por ela, o que restaria?

Há pouco começou a abrir-se a brecha na pirâmide de poder, pois se descobriu e operacionalizou a verdade elementar há muito falada: "A união faz a força". Mas hoje essa fórmula se traduz para o conhecimento: ninguém — nem o maior sábio ou chefão — sabe tanto quanto um grupo que existe, convive e trabalha em certo campo. A raiz é, de novo, biológica: como os indivíduos são todos diferentes entre si, um grupo "vê" muito mais — de muitos modos, de muitos ângulos distintos, de muitas "distâncias" — do que uma pessoa isolada, por boa observadora que ela seja.

Recordemos Howard Bloom: a unidade que "progride" — ou que aprende — é a espécie, não apenas o indivíduo.

Por isso hoje o diálogo — na verdade, o multilóquio (vários falando uns com os outros) — vem sendo usado em empresas a fim de evitar o desastre. Todos os níveis funcionais são chamados para opinar, e com a maior franqueza possível. Isto é, ignorando as "gentilezas", o formalismo e a hipocrisia atuante nas escadas de poder. Entre adultos é bem difícil conseguir essa franqueza. Entre crianças e jovens é bem mais fácil — e seria um ótimo costume!

Se a educação não tentar fazer nada disso, para que serve ela?

Notar: um multilóquio (muitos podendo opinar) sobre um tema **exposto visualmente** é muito mais rico, mais concreto e mais funcional do que uma simples discussão em palavras,

Imagem e movimento — vimos — são a essência do cérebro. A palavra veio muito depois e sua relação com a realidade não é natural, não é dada imediatamente. É convencional — é fruto de um contrato, mesmo que implícito.

ESCOLA DE PAIS

$\mathcal{A}$ boa escola, hoje, admite, convida ou pode até exigir a presença dos pais em boa parte das "aulas".

Não só para que se atualizem, mas, principalmente, para que aprendam a dialogar.

O conselho mais comum diante das desavenças e conflitos domésticos, seja entre pais e filhos, seja entre marido e mulher, é esse: dialoguem, falem um com o outro, expliquem-se (em palavras!). Mas atualmente estamos aprendendo — e cada vez mais — que no diálogo existem palavras, certamente, mas existe também música (da voz, a entonação) e dança (dos gestos, das faces). Podemos dizer que quando duas pessoas dialogam estão presentes, na verdade, seis pessoas: as duas que falam (inteligência), os tons das falas (emoções) os gestos e faces (a dança)! Por isso o diálogo é uma arte difícil. Se nele entrar apenas uma das frases clássicas como "você devia", "a culpa é sua", "o certo é assim (eu estou certo)" e "normal é assim", já entraram ambos em rota de colisão — de agressão recíproca e inútil.

Se pais, alunos e mestres treinarem juntos, será ótimo para todos.

O mesmo se diga sobre o fato de participarem todos dos "exercícios físicos" que adiante propomos.

O mais importante nessas aulas é a franqueza e a sinceridade — únicos contravenenos eficazes contra toda a encenação e hipocrisia social.

Claro que existirão grupos vários, conforme as circunstâncias, as pessoas, os temas, o espaço disponível etc.

A EXPERIÊNCIA E A CONSCIÊNCIA
DO CORPO E DO CONTATO

Impossível a intimidade e a confiança profunda entre pessoas sem alguma espécie de contato corporal.

Impossível o desenvolvimento e a diferenciação afetiva sem variedade de relacionamentos pessoais. Impossível a justa medida na confiança e no amor por si mesmo sem consciência corporal, isto é:

- Consciência da pele — limite fundamental do eu.
- Sensibilidade profunda do corpo — eu como substância (matéria), peso e inércia.
- Sensibilidade muscular — eu como força.
- Sentido de posição e movimento — eu como atitude, como preparação, atenção, intenção, contenção e ação.
- Eu como equilíbrio instável — de bípede — mantido de pé à custa de forças (mecânicas — tensões musculares) opostas.
- Eu como síntese de contrários — conflito permanente — continuamente integrados pela postura-atitude.
- A postura (biomecânica) e a atitude ou posição (psicossocial) a ela combinada determinam os pontos de vista e as perspectivas da personalidade. *Nunca se diz que a atitude é uma forma de corpo perfeitamente visível e identificável.* O orgulhoso e o servil — como exemplos. O diretor e o dirigido. O mestre e o aprendiz... Mesmo olhando de longe saberemos perfeitamente quais são os papéis sociais em interação.
- Só uma ampla e exercitada consciência e controle motor poderão permitir um afrouxamento das imitações (identificações). Isto é, facilitar a atenuação de comportamentos rígidos precocemente aprendidos em família por imitação inconsciente.
- Enfim, qual a lição essencial de Piaget, em paralelo com a sabedoria coletiva? Só a prática ensina...

Em função desses axiomas, será essencial reformular pela raiz a antiga "Educação Física". Uma delas se encarregará do preparo atlético-competitivo de quem esteja interessado. A outra — deveras educação física — envolverá a aquisição da consciência corporal, da consciência motora e da consciência do contato físico com o outro.

Só esse contato de pele e de massa pode garantir a plena realidade do outro.

A sexualidade surgirá deveras natural e na medida, nesse contexto amplo de troca (de opiniões) e de contato (de pele e de movimento).

Técnicas? Numerosas demais, de influências orientais e ocidentais: as artes marciais, as danças rituais, as muitas iogas, o tai-chi, Feldenkrais, bioenergética suave, toques sutis, reiki, diversas formas de massagem, meditações tanto estáticas quanto dinâmicas.

A PARÓQUIA E A INTERNET: AMPLIAÇÃO ILIMITADA DO CONTEXTO E DA CONSCIÊNCIA

Depois de um bom tempo de aprendizado em observação (visual) e participação em discussões em grupo, os alunos estarão preparados para ampliar o diálogo até alcançar o planeta inteiro — a rede mundial de computadores.

Mas aqui cedo a palavra a Don Tapscott. Além de sua inteligência privilegiada, ele conta com formação acadêmica de primeira linha, preside associações dedicadas exclusivamente ao estudo da influência da nova mídia sobre a sociedade, a economia e a juventude. Além de estatísticas sem conta e informações numerosíssimas sobre esses temas, ele dispõe de uma rede espalhada pelo mundo todo de aproximadamente 300 jovens — de 6 a 20 anos —, aos quais são feitas séries de perguntas periodicamente. No livro *Growing up digital* [*Geração digital: a crescente e irreversível ascensão da geração net*], em "balões" iguais aos de histórias em quadrinhos, aparecem opiniões dessas crianças e jovens.

O que se resume a seguir tem que ver com isso: serão as crianças dos países ricos — todas com computador em casa — que iniciarão a revolução geral sobre educação? Os subdesenvolvidos — se sobreviverem — logo estarão a imitá-las.

Quanto a custos, convém lembrar que já existem telefones celulares que permitem entrada instantânea na internet, dispensando, portanto o computador, muito mais caro. Se bem usada, a internet substituiria com proveito e a preços imensamente menores uma educação superlativa.

Não estarão os "menores" começando a desconfiar de que é melhor que se cuidem porque os "maiores" e as "autoridades" evidentemente estão demolindo o planeta sem levar ninguém em conta a não ser eles mesmos?

Uns poucos números sobre a revolução da TV. Nos States, em 1950 só havia 12% de lares com TV. Em 1958, 83%! Foi a TV que "educou" os *boomers* — a geração pós-guerra, numerosíssima — um aumento de 29% da população. O número dos garotos e rapazes da *n-generation* (*net-generation* — geração da internet) chegava aos 30% em 1997.

Vejamos alguns comentários de Tapscott:

"A TV é controlada por adultos. Os garotos se comportam como observadores passivos. Em contraste, crianças controlam muito de seu mundo na internet. Não apenas observam como participam. Perguntam, discutem, argumentam, brincam, fazem compras, investigam, ridicularizam, fantasiam, procuram e se informam" (p. 25).

"[A imprensa, o rádio e a TV] são tecnologias unidirecionais e controladas por adultos. São hierárquicas, inflexíveis e centralizadas. Não surpreende que reflitam os valores de seus proprietários adultos. Em contraste, a nova mídia é interativa, maleável e o controle é distribuído [entre os usuários]. Favorece assim maior neutralidade. A nova mídia fará como quisermos. Neste momento dezenas de milhões de jovens (n-generation) estão assumindo a roda do leme" (p. 24).

"Esta distinção está no coração da nova geração. Pela primeira vez na História da Humanidade as crianças estão asssumindo o controle de elementos críticos da revolução comunicacional" (p. 26).

"Têm uma mobilidade sem precedentes. Estão encolhendo o planeta de modos que seus pais jamais teriam imaginado" (p. 30).

"Jogos de computador e *video games*... estão rendendo mais do que a indústria de cinema de Hollywood" (p. 4).

"A menos que os pais experimentem mudanças no coração diante dos jovens, sua cultura e sua mídia, as duas maiores gerações da história [nos Estados Unidos] podem entrar em curso de colisão... Uma velha geração, desconfiada e ameaçada por novas idéias e instrumentos, entrará em confronto com novas gerações cada vez mais ressentidas contra as tentativas de reduzir seu crescimento e seus direitos" (p. 12).

"As pessoas, empresas e nações bem-sucedidas economicamente serão as que derem ouvidos a suas crianças" (p. 13).

"Nunca houve um tempo de maiores promessas e maiores perigos. O desafio de realizar essa promessa e, ao fazê-lo, de salvar nosso frágil planeta, dependerá da geração internet. Nossa responsabilidade se refere a eles

— a de lhes dar os instrumentos e as oportunidades para que cumpram seu destino" (p. 13).

"Assim como o meio muito mais limitado da TV influenciou valores e cultura do pós-guerra, uma nova força está ajudando a modelar a geração internet. Essas pessoas estão passando seus anos formativos em um contexto fundamentalmente diferente do de seus pais" (p. 15).

"Nenhum produto se popularizou à velocidade da internet. Espera-se que em 2005 mais de um bilhão de pessoas estarão ligadas" (p. 23). Recordando: será um sexto da população mundial e, na certa, o sexto que ainda tem salvação... (Essa estimativa foi feita em 2001. Hoje esse número deve ser consideravelmente maior.)

"Estão se livrando da mídia unidirecional e centralizada do passado e estão começando a dar forma a seu próprio destino. Cresce a evidência de que por isso o mundo se fará um lugar melhor" (p. 33).

"Na Finlândia, o governo escolheu 5 mil estudantes para ensinar professores do interior a usar computadores" (p. 37)

"Membros da família começam a respeitar uns aos outros pela sua competência real. Cria-se assim algo diferente das relações familiares tradicionais e, se os pais souberem interagir, pode surgir uma família mais aberta, consensual e unida" (p. 37). E unida de outra forma, acrescento. Consensual significa, no contexto, "só se decide por unanimidade".

"Dado importante: conseguir licença para uma emissora de TV é um processo estreitamente controlado. Para entrar na internet nada se exige além do equipamento básico. Ela é democrática no sentido mais estreito da palavra" (p. 50).

"[...] a internet é um desafio à ordem existente em muitas frentes. Uma velha geração, confortável com seus meios de comunicação, está se inquietando com uma nova geração e um novo meio de comunicação **que ninguém controla**. Pela primeira vez, a nova geração está compreendendo o novo meio muito melhor do que os adultos e adotando-o muito mais depressa. Esse desafio à ordem existente é uma fórmula capaz de confundir, tornar inseguros [os jovens e seus pais] e dar lugar a livros absurdos, artigos e *shows* de TV criticando a juventude, seus meios e sua cultura" (p. 50).

"Como dispõe de ferramentas para questionar, desafiar e discordar, essa garotada está se fazendo uma geração de pensadores críticos. Não me é dado imaginar nada mais importante para o futuro da humanidade" (p. 83).

"[Essas tecnologias] contêm muitas promessas para novos modelos de aprendizado — baseados na descoberta e na participação" (p. 127).

"O escândalo da educação é esse: cada vez que você ensina alguma coisa, você priva a criança do prazer e do benefício da descoberta" (Seymour Papert, citado na p. 142).

"Ainda não atacamos com vontade a noção de como aprender a aprender — única solução para um mundo no qual a base dos conhecimentos humanos duplica a cada ano" (p. 145-6).

"Caminhamos do aprendizado por tortura na direção do aprendizado por prazer" (p. 147).

Em 1992, as empresas dedicaram 126 milhões de horas à reciclagem de seus funcionários, o que vale por treze novas Universidades de Harvard (p. 152).

Já estamos dando mais aulas fora dos campi — *via satélite ou vídeos interativos — a uma fração do que custava a escola. Colégios não sobreviverão como institutos residenciais. Os prédios de hoje são impróprios e inteiramente desnecessários"* (Peter Drucker, citado na p. 153).

"Alguns segmentos da sociedade estão preocupados porque nossos garotos estão se divertindo demais. Pregam o 'retorno ao clássico' — memorização pura — em vez de metodologias que transformam o aprender em um brinquedo, encorajando os estudantes a abraçar a noção de aprendizado autodirigido por meio da descoberta".

"Noventa e oito por cento das empresas estarão na internet nos próximos dois anos [nos Estados Unidos]" (p. 191). O livro é de 1997.

"[...] esta geração é excepcionalmente curiosa e confiante em si; são adaptáveis, críticos, espertos, bem focalizados, gozam de alta auto-estima e de orientação global" (p. 209).

"[...] muitas das idéias novas quanto à criação de empresas de alto desempenho estão andando devagar, porque esses são conceitos em busca — ou à espera — de uma geração cuja cultura seja adequada a essas inovações" (p. 211).

Claro! Essa geração não existe — ela está se formando.

"Cada vez mais interagimos com nosso mundo em vez de apenas vê-lo e ouvi-lo" (p. 214). Ação, decisão, motricidade, atenção, intenção...

Gran finale (p. 254): "O que seus filhos lembrarão de você? Lembrarão de você como alguém curioso e interessado que os encorajava em suas iniciativas, que dividia o poder com eles aumentando assim sua auto-estima, seu poder pessoal, confiança em si, habilidade de fazer escolhas apropriadas na vida? Diante da hostilidade invasiva e ignorante movida por um mundo de tecnófobos, acadêmicos antijovens, propagandistas da velha mídia, manipuladores corporativos, educadores paralíticos e demagogos políticos — encontrarão seus filhos um lugar de refúgio, comunicação bilateral e confiança na família aberta?"

Quase igual à Unesco, não é?

UMA PROPOSTA DE SOLUÇÃO EM QUATRO TEMPOS

*P*rimeiro: adultos não conseguirão mudar o curso perverso da História. De cada cinco adultos, um é ignorante, outro é alienado, o terceiro é indiferente e o quarto é resignado. Sobram 20% bastante bons para manter a roda rodando — para azar de todos.

Segundo: todas as crianças e jovens, de 5 (ou menos) a 25 anos terão um equipamento tipo telefone celular com acesso à internet. A escola se limitará a instrutores que, na entrega do equipamento, ensinarão os alunos a usá-lo (se for preciso!), apontarão quais os melhores lugares de aprendizado e onde encontrar os centros de avaliação desse aprendizado.

As "aulas" na internet tentarão contextualizar os menores em nosso mundo, declarando nossa incompetência, mostrando nosso curso de aniquilação e apelando a eles para que tentem nos salvar — e a eles também. Acredito — é a última fé que me resta — que os menores compreenderão melhor do que a imensa maioria dos adultos a gravidade da questão.

Espero que, animados com seu sucesso e empenhados na própria salvação, eles reúnam os *hackers* mais habilidosos e consigam, com eles, impedir a continuação das guerras, de qualquer guerra. Já entraram na Casa Branca, na CIA, em bancos, já se apropriaram de satélites militares, já vasculharam os arquivos mais secretos da Microsoft. A rede é complexa demais para ser controlada e a guerra é bom negócio demais para ser contida pelos que se beneficiam com ela — toda a cúpula do poder mundial.

Que o Menino Jesus se apiede de nós e faça o milagre de nos salvar da loucura dos poderosos.

REFERÊNCIAS BIBLIOGRÁFICAS

BLOOM, Howard. *The global brain*. Nova York: John Willey & Sons, 2000.

GREENFIELD, Susan. *The human brain*. Londres: Weidenfeld e Nicolson, 1977.

TAPSCOTT, Don. *Growing up digital*. Nova York: McGraw-Hill, 1997. [*Geração digital: a crescente e irreversível ascensão da geração net*. São Paulo: Makron Books, 1999.]

WYRWICKA, Wanda. *Imitation in human and animal behavior*. New Brunswick: Transaction Publishers, 1996.

IMPRESSO NA | GRÁFICA

sumago gráfica editorial ltda
rua itauna, 789   vila maria
02111-031   são paulo   sp
telefax 11 **6955 5636**
sumago@terra.com.br